VESTAIRE couture

LOU RIPOLL
créatrice de
Bleu tango

inspiration WORKWEAR

PHOTOGRAPHIES : CÉCILE NGUYEN-NGOC

MANGO
éditions

PORTRAIT DE L'AUTRICE

Lou a appris enfant la couture avec sa grand-mère, le dessin et les couleurs avec sa mère artiste peintre, le commerce avec son père vendeur de bananes.

Mademoiselle Ripoll - comme on l'appelait à l'école Duperré où elle a étudié le design textile, et à l'école de la chambre syndicale où elle a appris le patronage et le modélisme - crée la marque de prêt-à-porter écoresponsable Bleu tango en 2013.

Sous ses pinceaux légers, ses aquarelles engagées, subtiles et décidées, se dessine une garde-robe créative.
Lou a décidé que l'artisanat serait son combat.

SOMMAIRE

DU SANG, DES LARMES, DE LA SUEUR...

et de la mode !

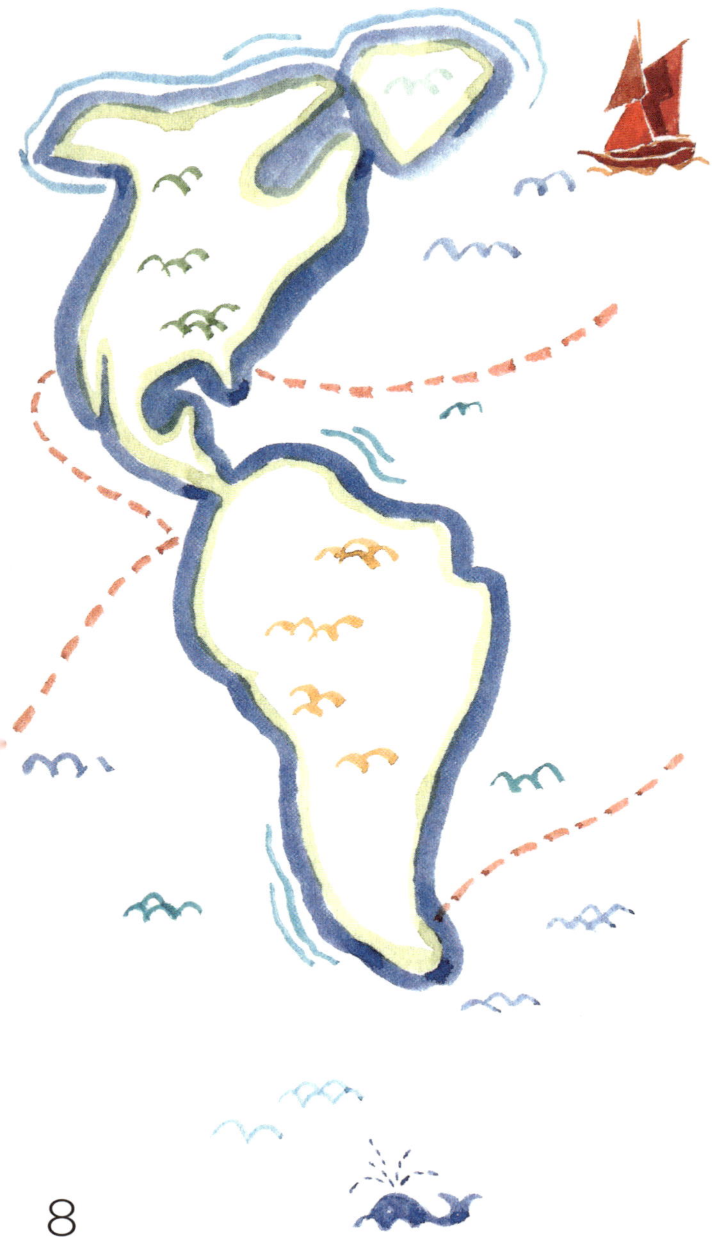

Pourquoi ai-je choisi de vous raconter l'histoire du vêtement utilitaire ? Parce que c'est le premier vêtement durable de l'histoire de la mode : de travail (workwear) ou militaire, il est pensé et confectionné pour résister à toute épreuve. Il est truffé de détails qui le solidifient, et d'astuces qui le rendent pratique... Bref, il est durable dans le temps, et ça, c'est moderne !

Et puis, le vêtement utilitaire raconte aussi la mondialisation à l'œuvre au cours des siècles : il est le témoin des grandes migrations, des colonies, des échanges et du commerce, et des terribles guerres.

À travers ces voyages, je voulais ainsi souligner la formidable capacité de la mode à s'approprier les codes du vêtement utilitaire pour en faire des tenues désirables... En effet, vous allez découvrir dans ce livre que les chemisettes hawaïennes sont passées des plantations de cannes à sucre à une tenue de vacances évoquant tout l'exotisme des îles du Pacifique... Et les marins de Gênes nous raconteront comment leur pantalon est devenu le plus porté au monde... Ou comment transformer des vêtements qui ne promettaient, globalement, que du sang, de la sueur et des larmes, en des tenues de mode pour tous les jours.

LES MATIÈRES
des vêtements utilitaires

Les vêtements utilitaires sont principalement confectionnés en coton car c'est une matière très résistante, que ce soit une toile, une gabardine, ou un sergé... Le coton étant une fibre polluante et gourmande en eau, je vous conseille vivement de choisir du coton bio.

Encore mieux ? Upcyclez, en achetant des tissus provenant de fins de rouleaux ! Ou alors, pensez à remplacer le coton par du lin ! Je vous donne rendez-vous page 125 pour découvrir le carnet d'adresses !

Les motifs Bleu tango

Imaginer une mode durable n'a de sens que si les matières choisies sont écoresponsables et teintes de manière écologique, et il est très difficile de trouver ce genre de tissus en France si on n'est pas un professionnel, encore plus si on cherche de chouettes tissus à motifs. Je m'en suis rendu compte quand j'ai créé ma marque de mode Bleu tango en 2013 : il a été compliqué de trouver des fournisseurs de tissus écoresponsables et de nombreuses clientes couturières me demandent tous les jours si mes tissus imprimés sont en vente au mètre.

C'est en suivant ce cheminement que j'ai eu l'idée de proposer un carnet d'adresses de marchands de tissus upcyclés et de lin tissé de manière responsable en Europe. Je vous propose aussi des tissus Bleu tango à motifs originaux, exclusivement créés pour ce livre. C'était l'occasion de proposer des imprimés colorés et responsables.

Comme toujours chez Bleu tango, ces imprimés ont été créés à partir de mes aquarelles, scannées puis mises au raccord (répétées de façon harmonieuse), imprimées chez mon fournisseur dans le centre de la France, avec des encres écologiques. J'ai sélectionné deux matières : une popeline de viscose EcoVero (écologique) et une toile de lin.

J'espère que ces motifs vous inspireront et vous donneront envie de coudre des vêtements colorés et joyeux ! Ces tissus sont en vente sur le site internet de Bleu tango : www.bleutango.fr

AVANT *de commencer*

LES PATRONNAGES

Chaque patronnage comprend des valeurs de couture : 1 cm en général et un peu plus pour les ourlets. Quand rien n'est précisé, le couturage est de 1 cm. Quand l'ourlet fait plus de 1 cm, cela est précisé dans les explications.
Sur les patronnages, vous trouverez également des crans, qui vous serviront de repères pour assembler les différentes pièces. Marquez ces crans au moment de la coupe du tissu, en faisant une mini-découpe de 4 mm aux ciseaux. Ces crans servent à indiquer un pli, une fente, l'emplacement d'un col ou de poches… Dans les explications, je vous indique quand vous servir d'un cran.
Certaines pièces des patrons sont reproduites en moitié. Il faudra donc les couper « au pli ». Pour apprendre à couper les pièces au pli, reportez-vous page suivante.
Chaque patron est pensé pour un tissu d'une largeur de 1,40 m, la laize standard de la plupart des tissus.

Sur chaque pièce de patronnage, vous verrez une flèche indiquant le droit-fil, qui est le sens dans lequel positionner le patronnage avant de le couper, parallèlement à la laize du tissu. Les tissus tombent toujours mieux quand on les coupe dans le droit-fil. Vous pouvez aussi couper votre tissu dans le contre droit-fil (perpendiculairement à la laize du tissu) s'il n'est pas imprimé avec un motif et qu'il est identique dans le sens parallèle et perpendiculaire à la laize. Cela vous permettra d'économiser du tissu

Pour reproduire un patronnage, repérez les pièces de patrons dont vous aurez besoin sur chaque planche. Décalquez-les sur du papier à patron, par transparence ou en marquant les lignes et crans à la roulette.

Chaque modèle est proposé en version femme et en version homme. Pour chacun d'eux, vous trouverez un tableau indiquant le nom et le numéro des pièces à découper : pour les modèles femmes, le nom contient un F (par exemple, 23F), pour les hommes, il contient la lettre H. Sur les planches de patrons, les pièces hommes et femmes de chaque modèle ont une couleur différente, afin de bien les distinguer : repérez bien cette couleur et le nom de chaque pièce afin que tout corresponde ! Enfin, quelques pièces sont mixtes. Dans ce cas, leur nom contient les deux lettres (par exemple, 6FH). Par souci d'uniformité, vous trouverez toujours ces pièces tracées dans la couleur des pièces femmes sur les planches de patrons.

Certaines pièces sont tracées en deux parties sur la planche, faites bien attention de les décalquer en entier. Après avoir décalqué les deux morceaux, superposez les lignes avec des lettres pour reformer la pièce entière.
Certains modèles sont sur le même patronnage mais avec des tracés différents (manches longues et courtes, doublure…) : repérez bien la longueur qui correspond à votre pièce pour la décalquer correctement. Quand un patron comporte plusieurs tracés, cela est précisé dans la présentation du modèle.

Pour alléger les planches de patrons, les pièces simples et rectangulaires ne sont pas tracées. Pour chaque modèle, vous trouverez un tableau indiquant le nom de ces pièces, leurs dimensions à reproduire sur du papier à patrons ou directement sur le tissu et les indications de découpe.

COUPER LE TISSU D'APRÈS UN PATRON

1 Pliez le tissu en deux dans le sens de la longueur et positionnez les pièces de patron en suivant le plan de coupe proposé.

2 Positionnez les pièces « au pli » sur le bord plié du tissu. S'il vous faut la pièce 2 x tissu au pli, il faudra renouveler l'opération.

3 Positionnez les pièces marquées « 2 x tissu », sans toucher les bords du tissu. Vous obtiendrez ainsi deux fois la pièce, en symétrie. Pour une pièce marquée « 1 x tissu », attendez d'avoir coupé toutes les autres pièces, puis dépliez le tissu et coupez seulement une fois la pièce.

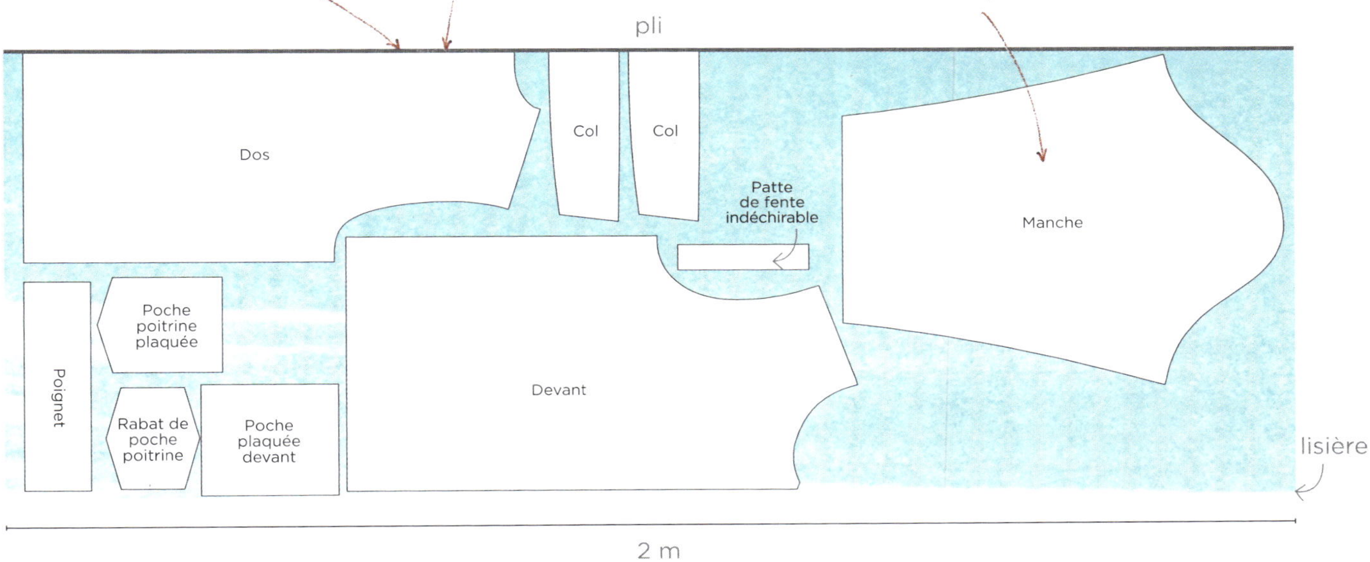

4 Respectez les indications de droit-fil des pièces : le droit-fil est parallèle à la laize du tissu. Il est indiqué par une double flèche. Vous pouvez aussi positionner le tissu en contre droit-fil (perpendiculairement à la laize du tissu) s'il n'est pas imprimé ou n'a pas de sens visible de trame, pour l'économiser.

5 Épinglez les pièces de patron au tissu sans dépasser du papier pour les découper facilement. Positionnez les épingles de manière perpendiculaire au bord du patronnage.

6 Coupez les pièces sans soulever ni décaler les deux parties superposées du tissu plié.

Astuce : Les plans de coupe proposés dans le livre sont réalisés pour la plus grande taille. Si vous réalisez les modèles en taille 34 ou 36 vous aurez sûrement besoin de moins de métrage de tissu.

LÉGENDES DES PATRONS

Cran de montage

Emplacement de boutonnière

Emplacement de bouton

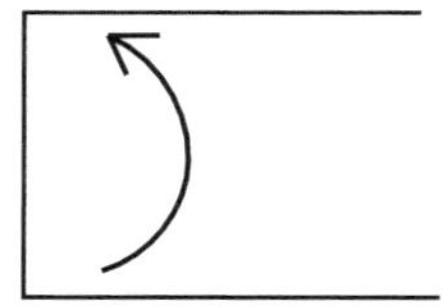

Pli

Fente indéchirable

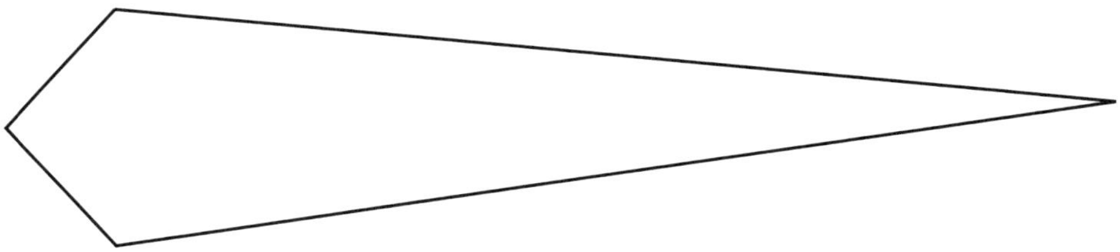

Pince

Droit-fil

Droit-fil sur le pli du tissu

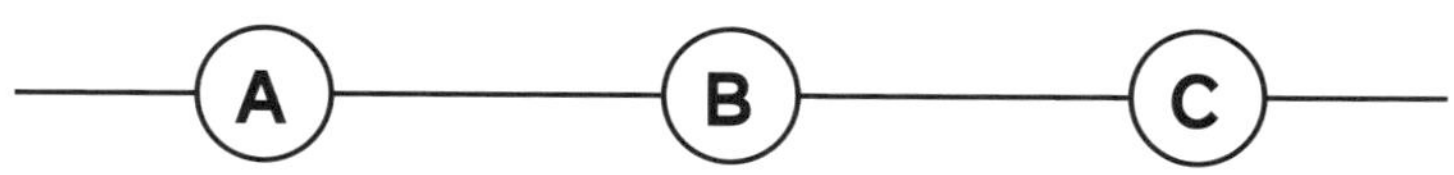

Ligne de découpe de la pièce lorsque celle-ci est trop grande. Superposez les deux lignes avec les lettres pour reformer la pièce entière.

TRACÉS DES TAILLES :

34

36

38

40

42

44

46

48

LE MATÉRIEL

LE STYLO MAGIQUE

Le stylo magique deviendra votre meilleur ami. Il s'efface à la chaleur du fer et vous permettra de tracer vos repères en toute discrétion. Attention, toutefois, à bien tester le stylo sur un petit bout de tissu avant de commencer à tracer, car certains tissus marquent même après l'effacement du stylo magique au fer. Ce serait dommage.

LA CRAIE DE TAILLEUR

La craie de tailleur est l'ancêtre du stylo magique. Très pratique aussi, elle vous permet de tracer vos repères.

LA RÈGLE JAPONAISE ET LE PERROQUET

La règle japonaise et le perroquet (ou pistolet) sont des outils de patronnage. Si vous désirez reprendre ou transformer des patrons, ils seront très utiles grâce aux centimètres en transparence de la règle japonaise ou aux courbes du perroquet.

LA PIQUEUSE

En matière de machine à coudre piqueuse, j'utilise une simple machine familiale Elna. Choisissez toujours une aiguille de machine à coudre adaptée à l'épaisseur de votre tissu : une aiguille fine pour les tissus fins, une aiguille épaisse pour les tissus épais, une aiguille jean pour les denims. Et ne cousez pas avec une aiguille émoussée, cela tirerait les fils de votre tissu !

LA SURJETEUSE

Pour surjeter vos couturages et bien finir vos ouvrages, elle sera indispensable. Si vous n'avez pas de surjeteuse, vous pouvez surfiler avec le point zigzag de votre piqueuse. Bon à savoir : de plus en plus de piqueuses simples ont des points assez sophistiqués de surjet et de surfil !

LE DÉCOUD-VITE

« Faire et défaire, c'est toujours faire », dit ma grand-mère. Et pour défaire, votre allié sera le découd- vite. Un petit outil pour découdre, coupant uniquement au centre de son crochet et dont les extrémités servent à retirer facilement les restes de fil.

LES CISEAUX

« Un bon ouvrier a de bons outils » : c'est ma maman qui le dit ! Choisissez de bons ciseaux de couture et ne les utilisez pas pour couper du papier, cela les abîmerait ! S'ils commencent à montrer des signes de fatigue, aiguisez-les sur un goulot de bouteille en verre (type vin rouge) en essayant de « couper » le goulot. Cela les affûtera.

LE THERMOCOLLANT

Cet entoilage, enduit de colle, donne de la tenue à certaines pièces comme les poignets, les cols ou les pattes de boutonnage. Choisissez une épaisseur adaptée à l'épaisseur de votre tissu !

LE FER À REPASSER

Le fer à repasser est l'outil indispensable de la couturière. Une bonne couturière est une bonne repasseuse (d'après ma grand-mère). Après chaque couture suit un repassage pour ouvrir la couture.

N'hésitez pas à utiliser la vapeur : quand le tissu est délicat et ne supporte pas une chaleur forte, trichez grâce à la vapeur.

Si le tissu est récalcitrant au repassage (comme une grosse laine épaisse, par exemple), utilisez une pattemouille. C'est un morceau de tissu quelconque (un vieux drap de coton), que vous trempez dans un saladier rempli d'eau, puis que vous appliquez sur la couture à repasser. Repassez directement, avec le tissu mouillé entre le fer et la couture à aplatir. Vous verrez, c'est très efficace.

LA JEANETTE

La jeannette est une table à repasser miniature qui vous sera très utile pour repasser les têtes de manches et les coutures des pièces étroites.

LE CHOIX DES TAILLES

Choisissez votre taille de patronnage en comparant vos mesures avec ces tableaux de référence des mesures du corps.
Ces tableaux vous présentent des mesures « standard prêt-à-porter » : ils ne sont donc pas représentatifs de l'immense variété de nos morphologies. Vous pouvez faire du 38 en haut et du 42 en bas... Gardez bien à l'esprit que vous pouvez « hacker » les patronnages, en ajustant les mesures en fonction de votre corps, votre stature, vos envies de longueur ou d'oversize !
Ayez en tête que mes patronnages ont de « l'aisance » : je fais tailler mes modèles entre le classique et le grand. Maintenant, si vous avez l'habitude d'être serrée aux biceps ou aux hanches, n'hésitez pas à ajouter quelques centimètres !

TABLEAU DE TAILLES FEMME

	34	36	38	40	42	44	46	48
poitrine	80	84	88	92	96	102	108	114
taille	60	64	68	72	76	82	88	94
hanches	86	90	94	98	102	108	114	120

TABLEAU DE TAILLES HOMME

	38	40	42	44	46	48
poitrine	88	92	96	100	104	108
taille	76	80	84	88	92	96
hanches	90	94	98	102	106	110

LES MODÈLES

LE JEAN

Un si grand voyage

Le jean est le vêtement de travail qui a connu la plus incroyable adoption dans le monde entier : il est porté partout, par tous. Comme toujours avec les vêtements workwear, son histoire s'étend de pays en pays, de continent en continent.

L'histoire commence à Nîmes, chez la famille André qui tisse une toile robuste en coton avec un fil de trame (horizontal) écru et un fil de chaîne (vertical) teint à l'indigo. Cette toile « de Nîmes » passera à la postérité comme le tissu « Denim » par une hasardeuse transformation orthographique.

L'aventure du jean continue chez les marins, à Gênes : ils adoptent une variante de leur cru de cette toile denim pour en confectionner de solides pantalons. Ils seront d'ailleurs évasés sur le bas de la jambe, pour pouvoir facilement les retrousser afin de laver à grandes eaux les ponts des bateaux, sans se mouiller. Le premier jean est un pantalon « patte d'eph' » !

Les Américains piquent ce pantalon pratique pour sa solidité, et le surnomment le pantalon « jean's », là encore par homophonie : prononcé avec l'accent américain, il est aisé de reconnaître dans le « jean's » l'origine géographique « de Gênes »... Les premiers vêtements de travail en denim étaient utilisés dans les champs de coton, veste et pantalon larges portés par-dessus la tenue pour la protéger.

Nous devons le jean tel qu'on le connaît actuellement – forme plus ou moins droite, à 5 poches avec braguette – à la ruée vers l'or : les chercheurs d'or américains ont besoin d'un pantalon résistant à toute épreuve, ce sera le jean. Le marchand de tissu Levi Strauss vend de la toile denim pour fabriquer des tentes et des bâches de carrioles. Le tailleur Davis confectionne dedans des pantalons et salopettes résistantes. Devant le succès, tous deux s'associent et ont une idée de génie : solidifier les coins des poches par des rivets en cuivre, pour que ceux-ci ne se décousent pas, même quand on y range pioches, revolvers et autres outils.

Et le jean devient ainsi le meilleur vêtement de travail du monde, adopté aussi par les cow-boys. Il sera popularisé au XXe siècle par le cinéma et l'armée américaine.

Les surpiqûres, pour renforcer les coutures rabattues, étaient déjà en gros fil de lin orange, assorti aux rivets. La braguette est d'abord à boutons, puis passera à la fermeture à glissière plus tard.

Le jean classique possède aussi une mini-poche à l'avant, qui servait à ranger une précieuse montre à gousset, puis les briquets Zippo.

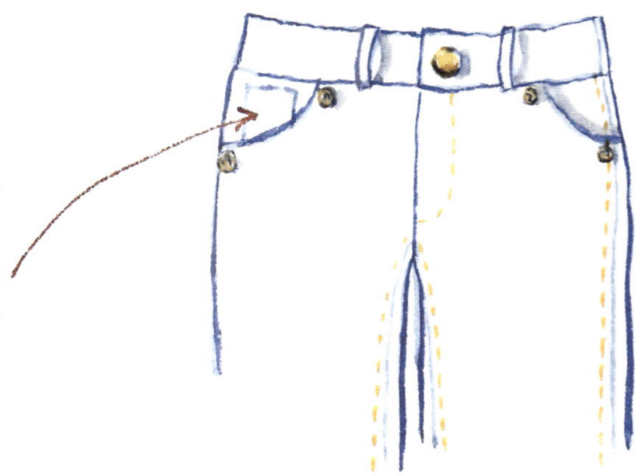

Poche renforcée par des rivets

J'ai créé le motif Palette en m'inspirant des salopettes de travail maculées de poussière (sublimée ici par l'aquarelle) et de peinture !

LE JEAN

NIVEAU : difficile

Choix du tissu

Choisissez une toile jean de coton upcyclé qui se tient, comme une toile bien serrée ou un sergé de coton (tissage à fines diagonales), dans toutes les nuances de délavage !

Matériel

- 2 m 20 de tissu sur 1 m 40 de large
- 115 cm sur 21 cm de thermocollant
- 1 zip inséparable de 20 cm

Pièces du patron

Patron femme tracé en rose / planche C (Ceinture en noir / planche A)
Patron homme tracé en vert / planche C (Poche dos en rose / planche C, Ceinture en noir / planche D)
Le tissu est plié en deux.
Attention, les pièces Jambe devant et Jambe dos sont tracées en deux parties sur la planche. Après avoir décalqué les deux morceaux, superposez les lignes avec des lettres pour reformer la pièce entière.

Sur les planches de patrons :

N° de pièce	Pièce	Coupe
1F ou 1H	Fond de poche	2 × tissu
2F ou 2H	Sac de poche	2 × tissu ou 2 × doublure
3F ou 3H	Ceinture	2 × tissu, 2 × thermocollant
4F ou 4H	Jambe devant	2 × tissu
5F ou 5H	Empiècement dos	2 × tissu
6FH	Poche plaquée dos	2 × tissu
7F ou 7H	Jambe dos	2 × tissu

Pièces à tracer :

Pièce	Dimensions (largeur × hauteur)	Coupe
Patte de braguette droite (sous-patte)	10 × 20 cm	1 × tissu
Patte de braguette gauche (parementure)	5 × 20 cm	1 × tissu, 1 × thermocollant
Passants	2,5 × 40 cm	1 × tissu, à découper ensuite en 5 passants
Poche briquet	11 × 11 cm	1 × tissu

Plan de coupe

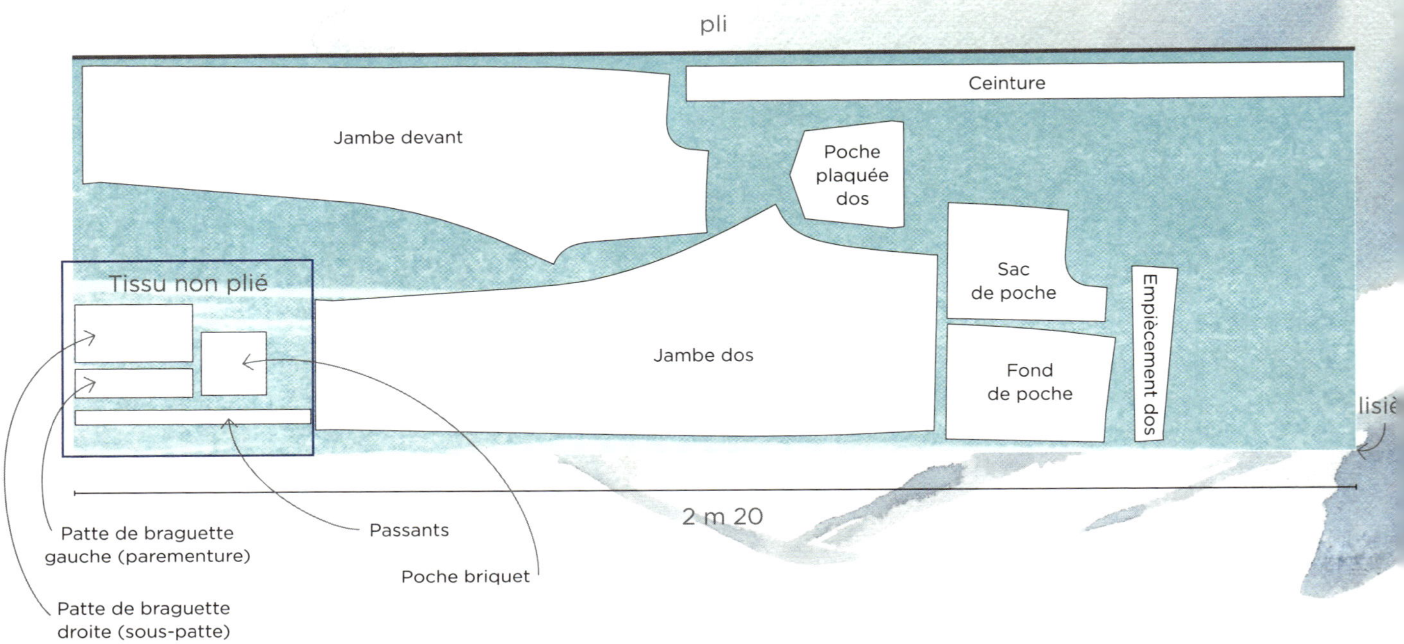

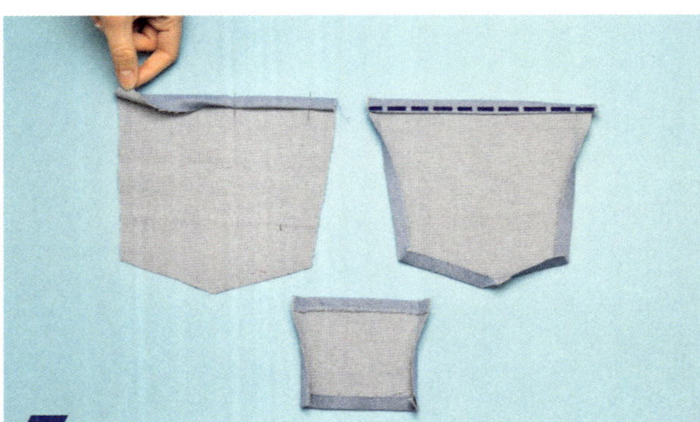

1 Commencez par préparer les poches au fer à repasser : repliez vers l'envers le haut des poches dos de 2 cm, et le haut de la poche briquet de 1 cm. Surpiquez le haut des poches (pointillés) puis repliez les autres bords de 1 cm aussi vers l'intérieur.

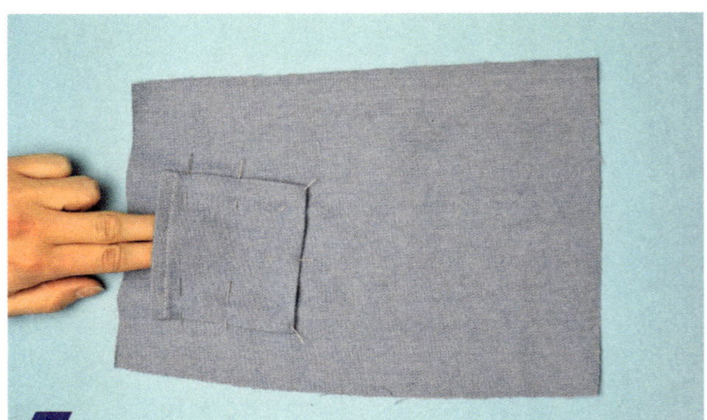

2 Épinglez les poches, en vous aidant des repères du patronnage : la poche briquet sur le fond de poche devant droit, et les poches dos sur les jambes dos.

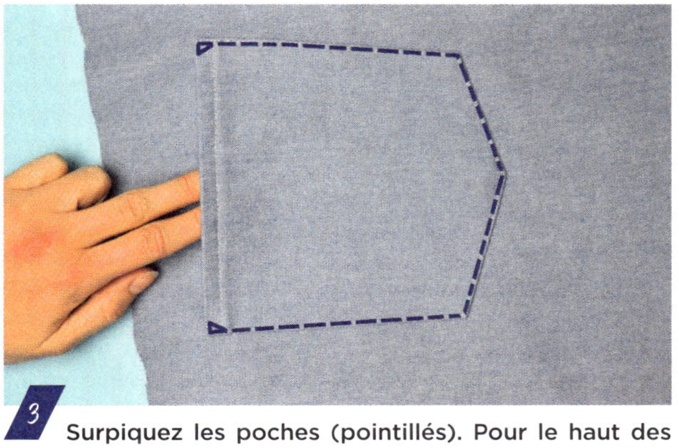

3 Surpiquez les poches (pointillés). Pour le haut des poches, vous pouvez surpiquer un petit « triangle », détail typiquement workwear : cela renforce la couture des poches.

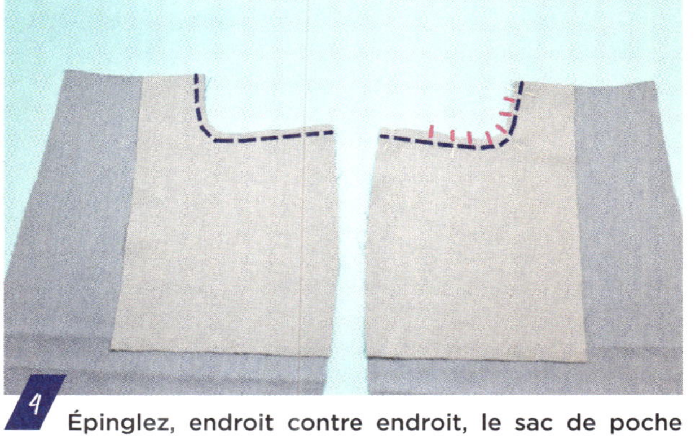

4 Épinglez, endroit contre endroit, le sac de poche contre la jambe devant, au niveau de l'arrondi d'entrée de poche, puis piquez à 1 cm du bord (pointillés). Crantez les couturages courbes tous les 5 mm (traits roses).

5 Épinglez le fond de poche et le sac de poche, endroit contre endroit. Piquez à 1 cm du bord et surjetez ensemble (pointillés).

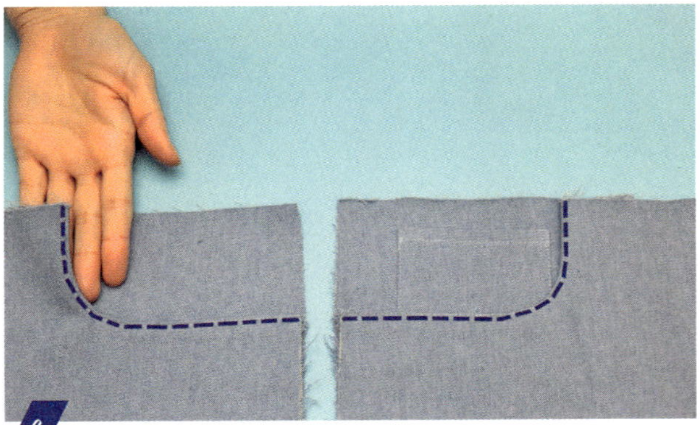

6 Surpiquez la jambe devant et le sac de poche à 2 mm sur tout le bord de l'entrée de poche (pointillés).

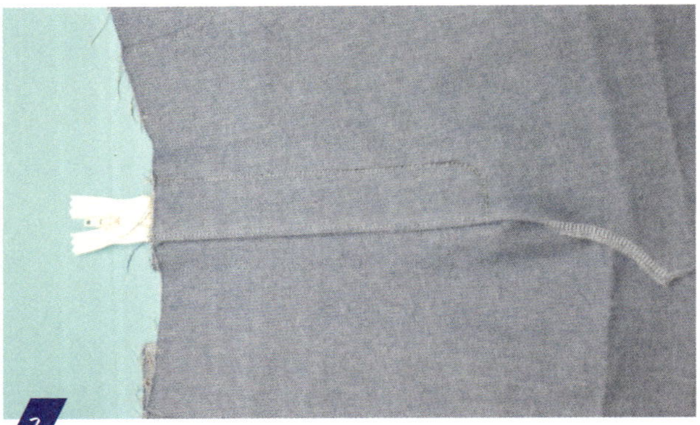

7 Cousez la braguette en vous aidant du cahier technique, page 118.

8 Épinglez les deux fourches devant du pantalon, en dessous de la braguette, endroit contre endroit. Il y a un décalage de 5 mm à 1 cm, comme sur la photo, et c'est normal ! Piquez à 1 cm du bord (comme les pointillés).

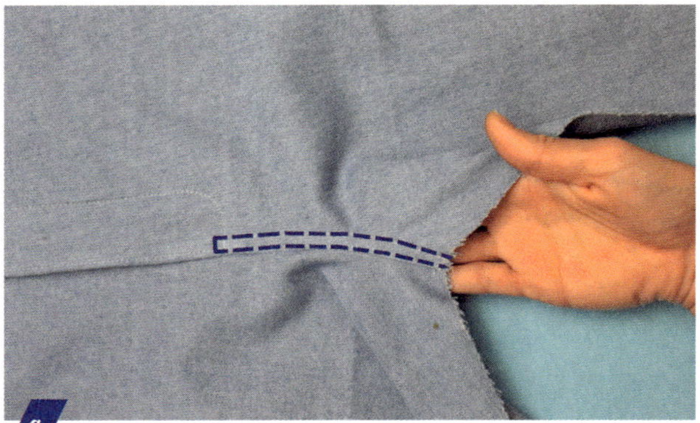

9 Surpiquez jusqu'à la braguette (comme les pointillés). La première surpiqûre est à 2 mm du bord, et la seconde, à 7 mm du bord.

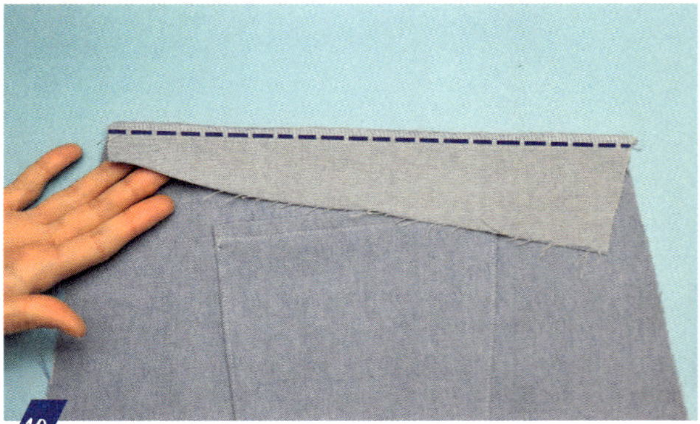

10 Épinglez les deux empiècements dos contre les jambes dos, endroit contre endroit. Piquez à 1 cm et surjetez (pointillés). La partie la plus large de l'empiècement se trouve du côté de la fourche.

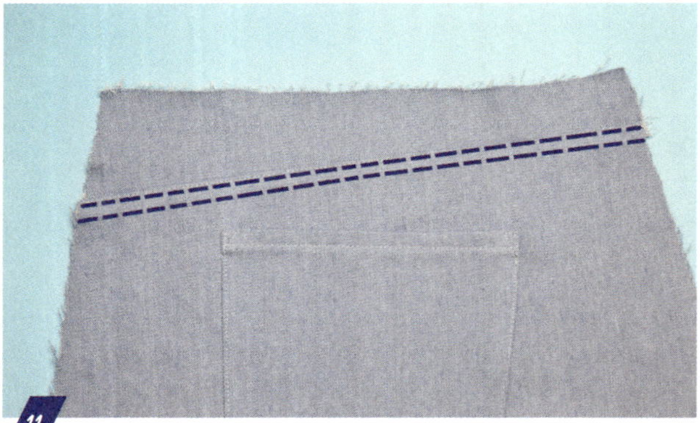

11 Repassez en couchant le couturage vers le bas, puis surpiquez à 2 mm et à 7 mm de la couture (pointillés).

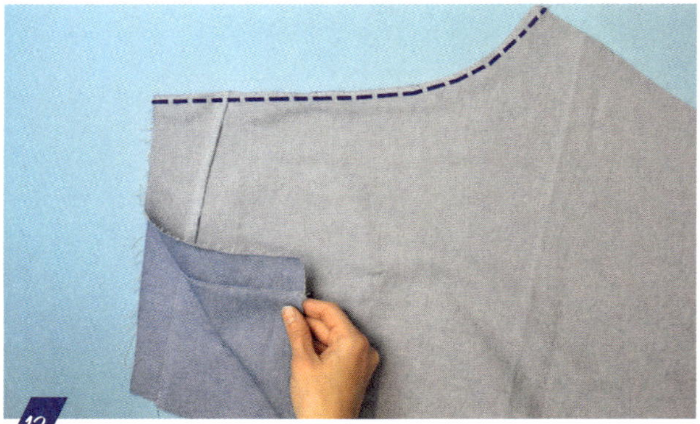

12 Épinglez les fourches dos, endroit contre endroit. Piquez à 1 cm du bord et surjetez (pointillés).

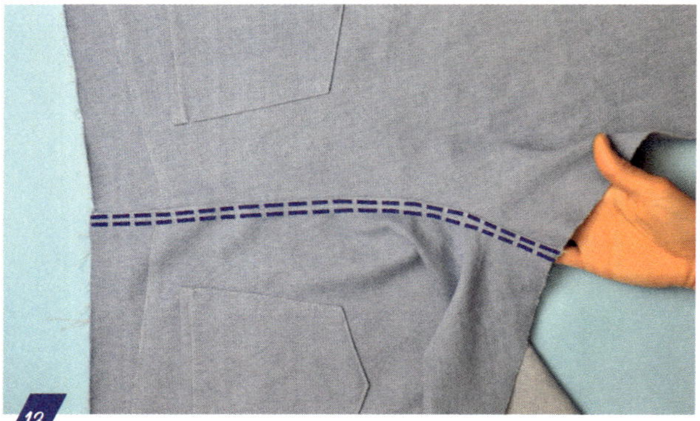

13 Repassez en couchant le couturage vers la jambe gauche, puis surpiquez à 2 mm et à 7 mm de la couture (pointillés).

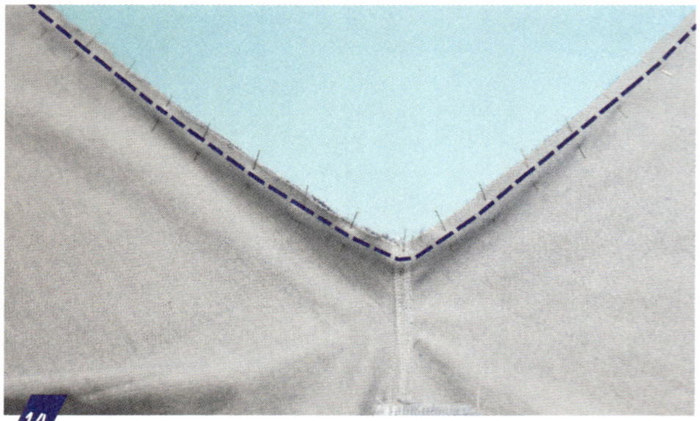

14 Épinglez endroit contre endroit les jambes dos avec les jambes devant, par les côtés intérieurs. Piquez à 1 cm du bord puis surjetez (pointillés).

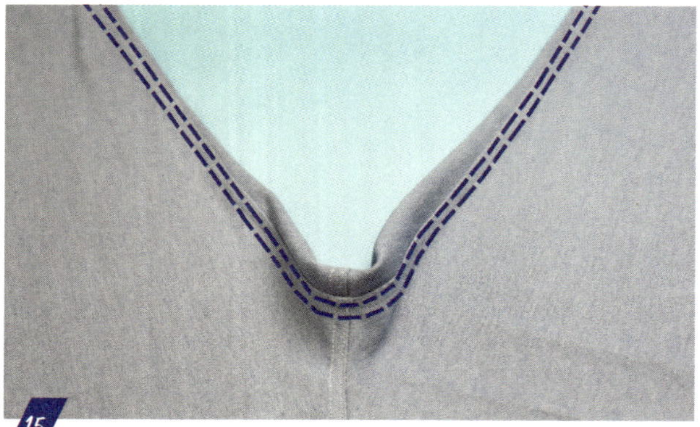

15 Repassez en couchant le couturage vers le dos, puis surpiquez à 2 mm et à 7 mm de la couture (pointillés).

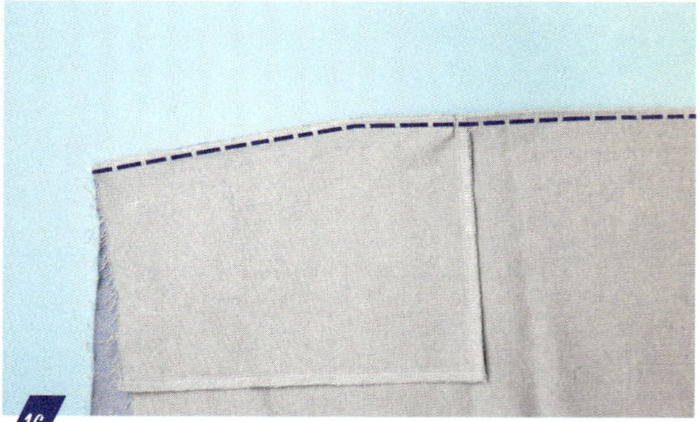

16 Épinglez cette fois les jambes dos et devant par les côtés extérieurs, endroit contre endroit. Piquez à 1 cm du bord et surjetez (pointillés).

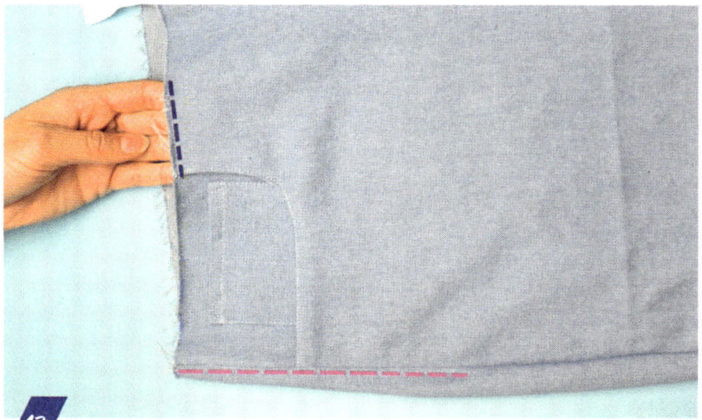

17 Repassez en couchant le couturage vers le dos. Surpiquez à 2 mm de la couture au niveau de la poche (pointillés roses). Maintenez ensemble le bord haut du sac de poche avec la jambe devant, par une piqûre à 3 mm du bord (pointillés bleus).

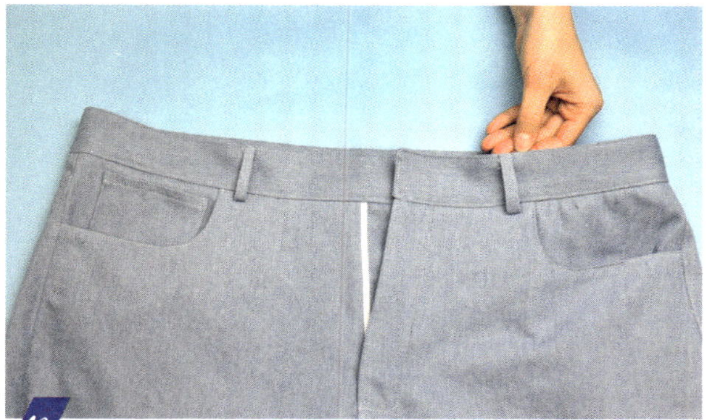

18 Montez la ceinture en vous aidant du cahier technique, page 120.

19 Piquez les ourlets des bas de jambes. À gauche, j'ai utilisé la méthode 1, et à droite, la méthode 2. Pour suivre le pas à pas, rendez-vous page 104 du cahier technique.

20 Cousez la boutonnière et le bouton !

LA SALOPETTE

NIVEAU : moyen

Choix du tissu

Vous pouvez aussi choisir du jean, ou une toile colorée de coton upcyclé ou de lin.

Matériel

- 2 m 60 de tissu sur 1 m 40 de large
- 22 cm sur 6 cm de thermocollant
- 5 boutons, entre 15 mm et 20 mm de diamètre

Pièces du patron

Patron femme tracé en rose / planche C
Patron homme tracé en vert / planche C (Poche dos en rose / planche C)
Le tissu est plié en deux.
Attention, les pièces Jambe devant et Jambe dos sont tracées en deux parties sur la planche. Après avoir décalqué les deux morceaux, superposez les lignes avec des lettres pour reformer la pièce entière.

Sur les planches de patrons :

N° de pièce	Pièce	Coupe
1F ou 1H	Fond de poche	2 × tissu
2F ou 2H	Sac de poche	2 × tissu ou 2 × doublure
4F ou 4H	Jambe devant	2 × tissu
5F ou 5H	Empiècement dos	2 × tissu
6FH	Poche plaquée dos	2 × tissu
7F ou 7H	Jambe dos	2 × tissu
8F ou 8H	Plastron devant	2 × tissu au pli
9F ou 9H	Ceinture dos	2 × tissu au pli, 2 x thermocollant

Pièces à tracer :

Pièce	Dimensions (largeur × hauteur)		Coupe
Patte de boutonnage dos	10 × 25 cm		1 × tissu
Patte de boutonnage devant	5 × 21 cm		1 × tissu, 1 × thermocollant
Bretelle	Pour femme : 10 × 86 cm	Pour homme : 10 × 96 cm	2 x tissu Faites attention, j'ai prévu large : vérifiez la longueur désirée !
Poche briquet	11 × 11 cm		1 × tissu
Poche plaquée devant	20 × 16 cm		1 × tissu

Plan de coupe

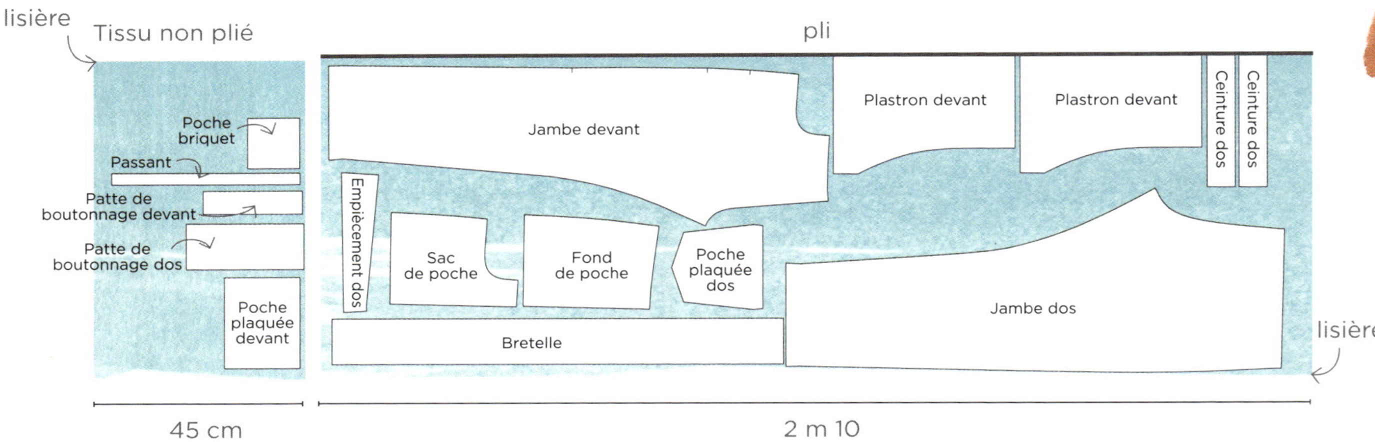

1 Suivez les 6 premières étapes du jean. Assemblez ensuite d'un côté les fourches devant et de l'autre, les fourches dos. Piquez à 1 cm du bord endroit contre endroit puis surjetez (pointillés).

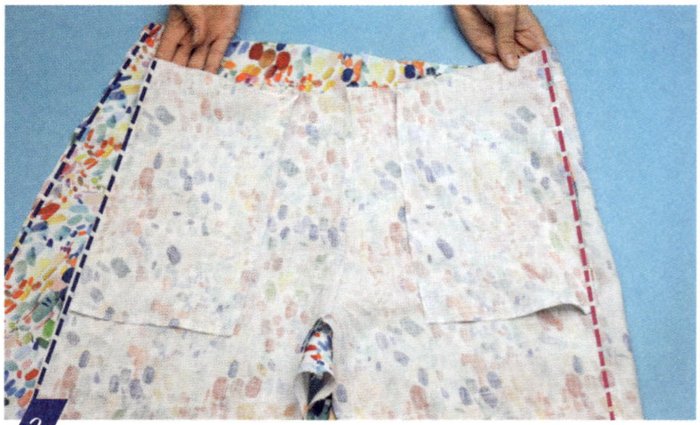

2 Épinglez la jambe dos droite avec la jambe devant droite par la couture de côté, endroit contre endroit. Piquez à 1 cm du bord et surjetez (pointillés roses). Repassez en couchant le couturage vers le dos. Surjetez séparément le côté des jambes devant et dos gauche (pointillés bleus).

3 Préparez la patte de boutonnage dos : Pliez-la en deux dans le sens de la longueur endroit contre endroit. Piquez à 1 cm du bord d'un côté (pointillés).

4 Retournez sur l'endroit la patte dos en sortant bien proprement l'angle. Thermocollez la patte de boutonnage devant. Surjetez certains bords de ces pattes (en suivant les pointillés).

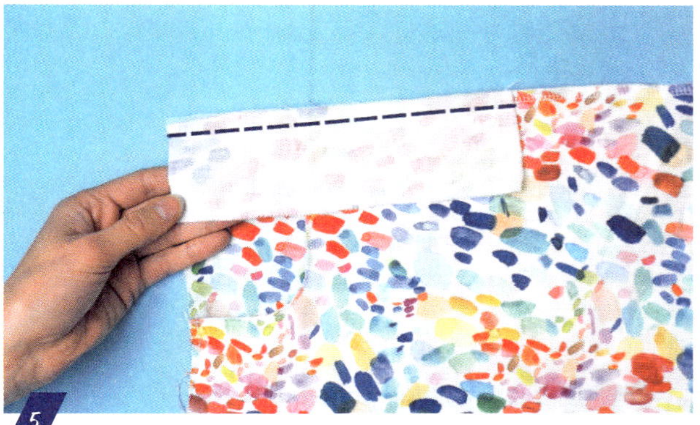

5 Épinglez le côté non surjeté de la patte devant, endroit contre endroit sur le haut de la jambe gauche devant. Piquez à 1 cm du bord (pointillés).

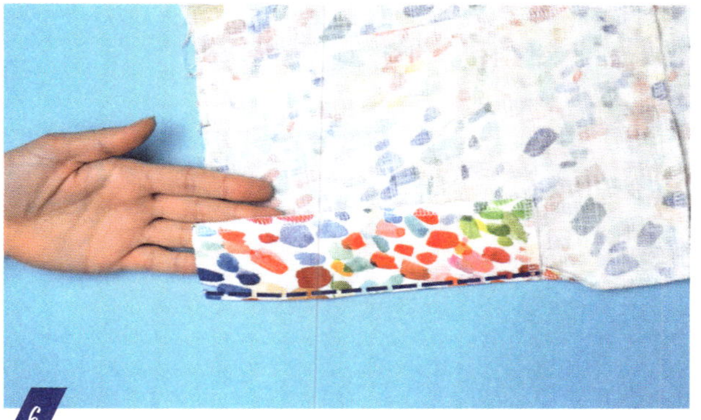

6 Retournez au fer la patte vers l'intérieur puis surpiquez à 2 mm de la couture (pointillés).

7 Passez maintenant au plastron de la salopette. Commencez par coudre la poche sur l'un des plastrons en vous aidant du patronnage. (Vous pouvez vous aider des trois premières étapes du jean.)

8 Thermocollez les deux parties de la ceinture dos. Puis épinglez endroit contre endroit une partie de la ceinture contre le côté droit du plastron avec la poche. Renouvelez l'opération avec l'autre partie de la ceinture contre le côté gauche de l'autre plastron (celui sans poche). Piquez à 1 cm du bord (pointillés) puis ouvrez les coutures au fer.

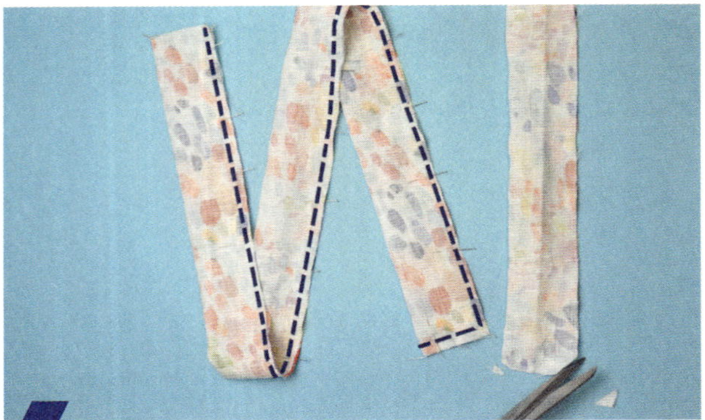

9 Préparez les bretelles : Pliez-les en deux dans le sens de la longueur, endroit contre endroit. Piquez à 1 cm du bord en laissant un côté ouvert (pointillés). Dégarnissez les angles.

10 Retournez les bretelles sur l'endroit par le côté que vous aviez laissé ouvert. Sortez proprement les angles avec une pointe de ciseau ou de pinceau, et repassez soigneusement.

11 Épinglez ensemble les deux plastrons et leur ceinture dos endroit contre endroit, avec les bretelles en sandwich au milieu (j'ai dessiné en transparence les bretelles avec les pointillés roses) : Les bretelles sont placées à 1,4 cm du bord. Piquez à 1 cm du bord en suivant les pointillés bleus.

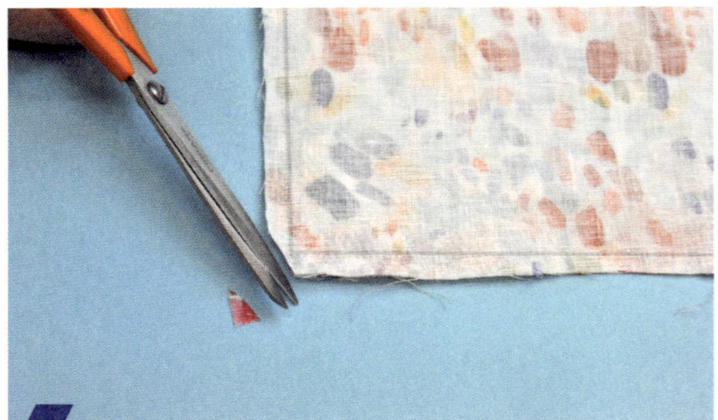

12 Dégarnissez les angles...

13 ... et crantez entre le plastron et la ceinture dos (traits bleus).

14 Retournez le plastron sur l'endroit. Sortez proprement les angles avec une pointe de ciseau ou de pinceau, et repassez soigneusement. Puis surjetez le bas du plastron-ceinture uniquement du côté sans la poche (pointillés).

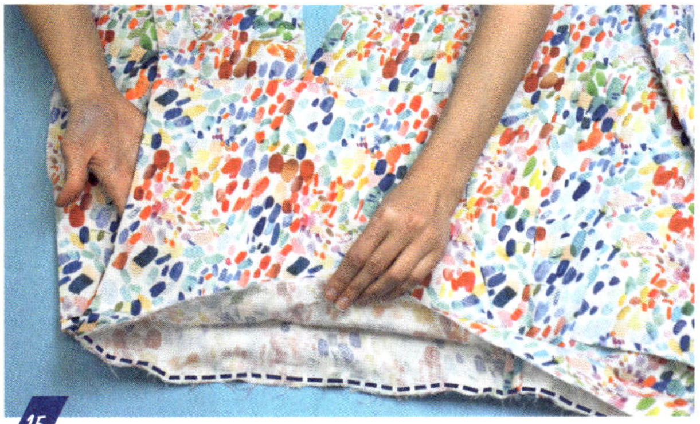

15 Épinglez le plastron-ceinture avec le pantalon, endroit contre endroit (pointillés). Le plastron avec poche se positionne sur les jambes devant…

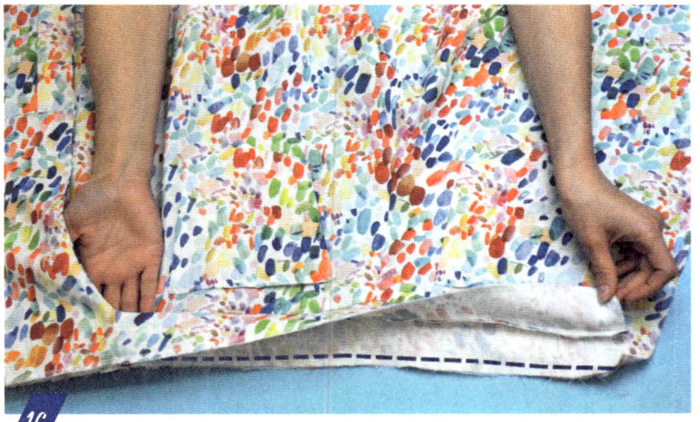

16 … tandis que la ceinture dos se positionne contre les jambes dos ! Piquez à 1 cm du bord (pointillés bleus).

17 Épinglez ensuite la patte de boutonnage dos sur le côté extérieur en haut de la jambe dos gauche (pointillés bleus), en sandwich entre les deux parties de la ceinture dos. J'ai dessiné en rose en transparence la patte, pour vous montrer comment elle passe entre les deux parties de la ceinture dos.

18 Piquez à 1 cm du bord (pointillés) et dégarnissez l'angle.

19 Retournez la ceinture dos et la patte, et repassez pour un résultat bien net. Épinglez l'intérieur de la ceinture dos vers l'intérieur pour la maintenir par une piqûre (pointillés). Je vous montre le résultat sur l'endroit, car vous allez piquer sur l'endroit, pour que la couture soit jolie !

20 Profitez-en pour surpiquer tout le plastron-ceinture, à 2 mm du bord (pointillés).

21 Crantez la jambe dos gauche en dessous de la patte (trait bleu).

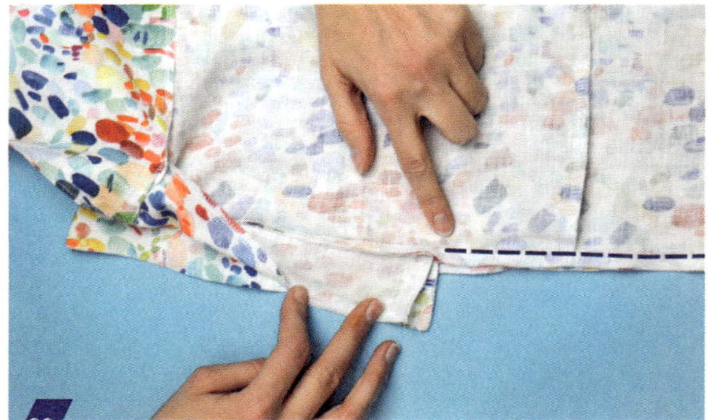

22 Épinglez les côtés de la jambe dos gauche et la jambe devant gauche, en dessous des pattes de boutonnage. Décalez la jambe devant de 5 mm, comme sur la photo ! Piquez à 1 cm du bord (comme les pointillés). Ouvrez bien la couture au fer.

23 Cousez les boutonnières sur la jambe devant en prenant bien la patte devant dans la couture. Puis surpiquez le bas de la patte (pointillés) : dans cette surpiqûre, vous prenez ensemble la patte dos, la patte devant et la jambe devant, pour tout maintenir ensemble ! Cousez ensuite les boutons sur la patte dos.

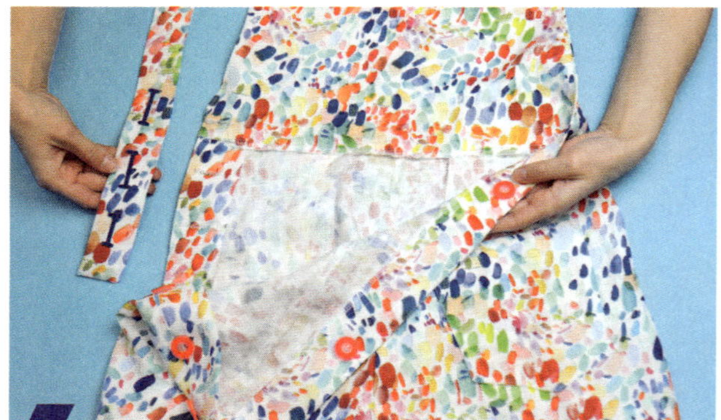

24 Pour finir, cousez les boutons pour les bretelles sur l'intérieur de la ceinture dos. Cousez les boutonnières sur les bretelles, à l'emplacement désiré en fonction de la manière dont vous voulez porter la salopette (bretelles croisées ou droites, porté bas ou haut...). J'ai cousu trois boutonnières, pour avoir le choix !

LA VESTE BLEU DE TRAVAIL ET LE T-SHIRT,

l'invention du vêtement de travail

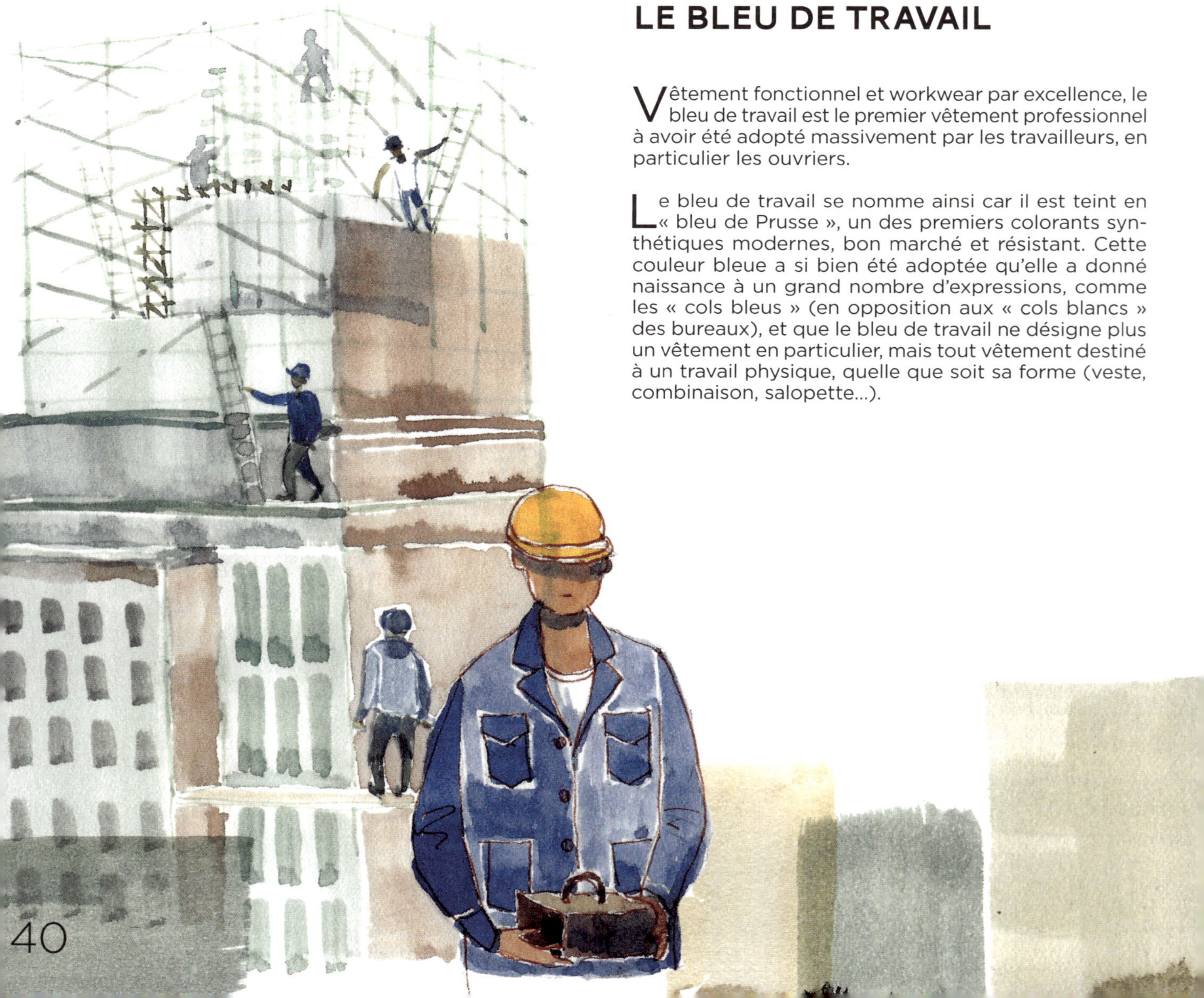

LE BLEU DE TRAVAIL

Vêtement fonctionnel et workwear par excellence, le bleu de travail est le premier vêtement professionnel à avoir été adopté massivement par les travailleurs, en particulier les ouvriers.

Le bleu de travail se nomme ainsi car il est teint en « bleu de Prusse », un des premiers colorants synthétiques modernes, bon marché et résistant. Cette couleur bleue a si bien été adoptée qu'elle a donné naissance à un grand nombre d'expressions, comme les « cols bleus » (en opposition aux « cols blancs » des bureaux), et que le bleu de travail ne désigne plus un vêtement en particulier, mais tout vêtement destiné à un travail physique, quelle que soit sa forme (veste, combinaison, salopette…).

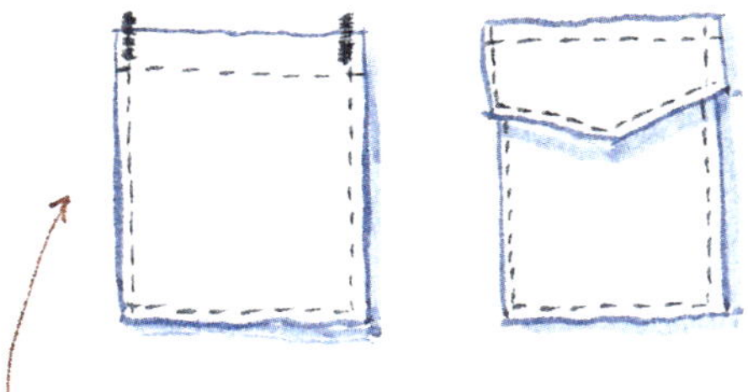

Piqûres et points de renforts

La veste Bleu de travail possède de nombreuses poches – pratiques pour ranger les outils, et un col simple sans pied de col. Elle est taillée dans une toile de coton bien résistante, comme du sergé ou de la gabardine.

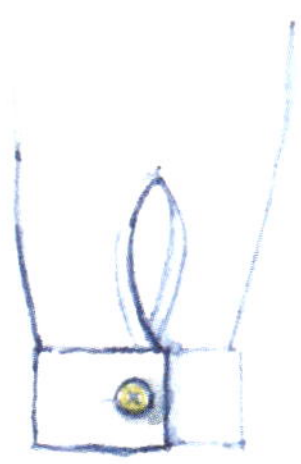

Fente indéchirable au poignet

LA VESTE MULTIPOCHE

Un vêtement pratique est un vêtement à poche, c'est bien connu. Et elles manquent souvent cruellement aux vêtements féminins. C'est en voulant créer une robe pratique pour les femmes qu'Elsa Schiaparelli a créé pendant la Seconde Guerre mondiale sa « robe d'alerte » : en prévision des alertes à la bombe qui forçaient chacun à se précipiter vers un abri ou une station de métro, sans pouvoir emporter avec soi le nécessaire et le précieux, Madame Schiaparelli invente une robe littéralement couverte de poches. Toujours le Blitz, mais en haute couture, Madame ! C'est en voulant adresser un clin d'œil à cette styliste d'avant-garde que j'ai imaginé la veste multipoche.

LE T-SHIRT

Le t-shirt est cousu dans du jersey, souvent en coton, et doit son nom à sa forme simplissime en T. Originellement porté comme sous-vêtement, il devient un vêtement à part entière au cours du XXe siècle, particulièrement chez les soldats, les sportifs et les travailleurs, car il est pratique et confortable grâce à sa maille extensible. Il sera popularisé par le cinéma américain par des acteurs comme Marlon Brando (HAAAAAaaa) et James Dean (HooooOOOO).

LA MARINIÈRE

La marinière est le tricot rayé à manches longues ou trois-quarts, souvent en jersey de coton, porté par les marins civils ! La première marine militaire à l'adopter est l'armée russe au XIXe siècle, bientôt rejointe par les armées britanniques, françaises, puis les autres…

Les rayures bleu et blanc sont horizontales, n'en déplaise à Obélix, et servaient à mieux repérer les hommes à la mer. Les rayures blanches doivent être deux fois plus large que les rayures bleues, et une marinière traditionnelle compte vingt rayures bleues sur le corps.

Elle est souvent agrémentée d'une ouverture boutonnée à l'épaule.

LA VESTE BLEU DE TRAVAIL ET LA VESTE MULTIPOCHE

NIVEAU : moyen

Choix du tissu

Pour ces modèles, choisissez une toile de coton upcyclé qui se tient, comme une toile bien serrée, un sergé de coton (tissage à fines diagonales) ou une gabardine de coton upcyclé. Pour la veste multipoche, vous pouvez couper les poches dans des tissus différents, des chutes ou des vieux jeans et pantalons, pour l'aspect patchwork.

Matériel

- 2 m de tissu sur 1 m 40 de large
- 52 cm sur 36 cm de thermocollant
- 6 boutons (entre 15 mm et 20 mm)

Pièces du patron

Patron femme tracé en jaune / planche C (Manche en noir)
Patron homme tracé en violet / planche D (Manche en noir, Rabat de poche et Poche poitrine en jaune / planche C)
Le tissu est plié en deux.

Sur les planches de patrons :

N° de pièce	Pièce	Coupe
13F ou 13H	Manche	2 × tissu
14F ou 14H	Poignet	2 × tissu, 2 × thermocollant
15F ou 15H	Dos	1 × tissu au pli
16F ou 16H	Devant	2 × tissu
17F ou 17H	Col	2 × tissu au pli, 1 × thermocollant au pli
18FH	Rabat de poche poitrine	2 × tissu, 2 × thermocollant
19FH	Poche poitrine plaquée	2 × tissu

Pièces à tracer :

Pièce	Dimensions (largeur × hauteur)	Coupe
Patte de fente indéchirable	4 × 20 cm	2 × tissu
Poche plaquée devant	16 × 21 cm	2 × tissu

Astuce veste multipoche : placez les poches de différentes tailles où vous le souhaitez, pour un effet patchwork ! Vous pouvez utiliser les poches de la veste bleu de travail, et aussi les poches du jean (6FH, poche briquet) et de la salopette (Poche plaquée devant) (voir p. 24 et p. 32).

Plan de coupe

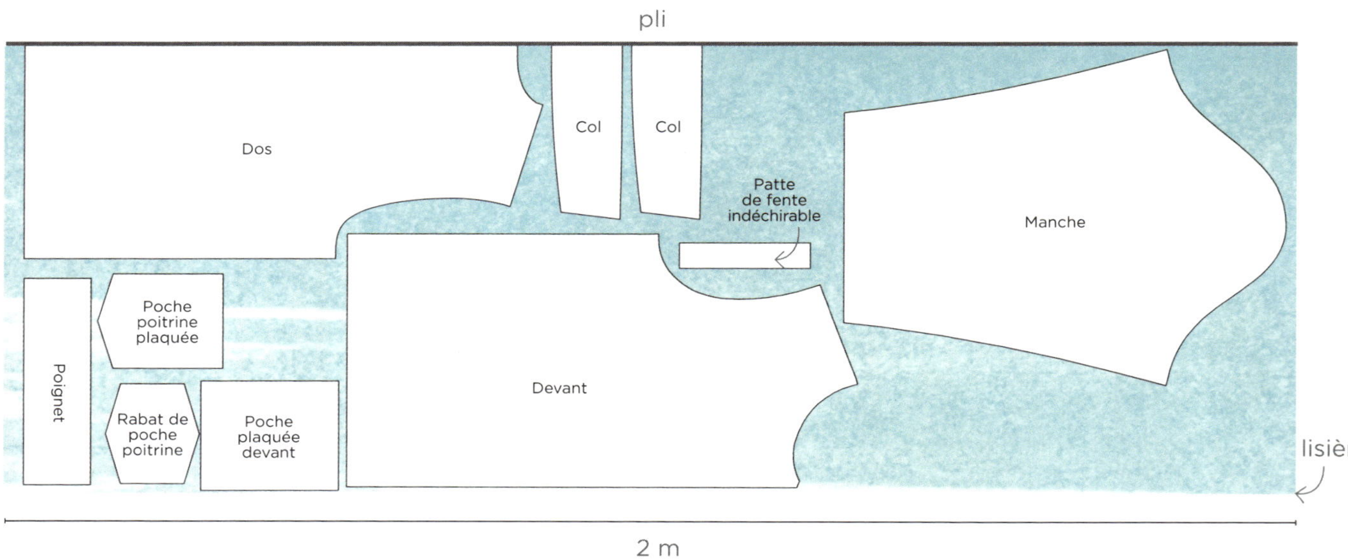

1 Commencez par préparer les poches au fer à repasser : repliez vers l'envers de 1 cm partout puis de 2 cm encore pour le haut des poches. Surpiquez uniquement le haut des poches.

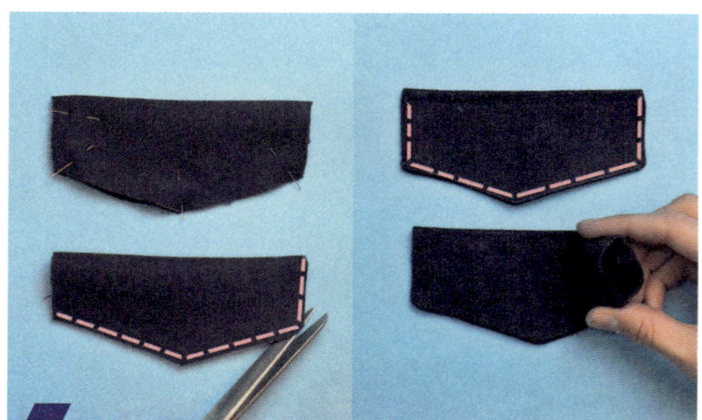

2 1 - Thermocollez les rabats de poche puis pliez-les endroit contre endroit. 2 - Épinglez puis piquez en laissant un côté ouvert. 3 - Retournez par cette ouverture puis repliez de 1 cm vers l'intérieur au fer le côté laissé ouvert. 4 - Surpiquez le rabat à 3 mm en fermant l'ouverture.

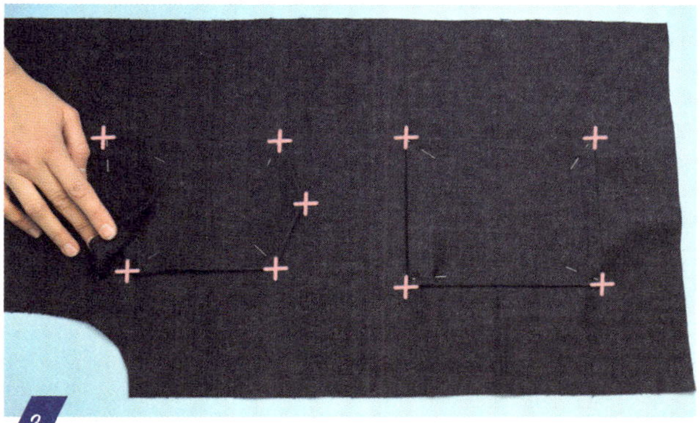

3 Épinglez les poches et rabats de poche sur les deux devants, en vous aidant des repères du patronnage.

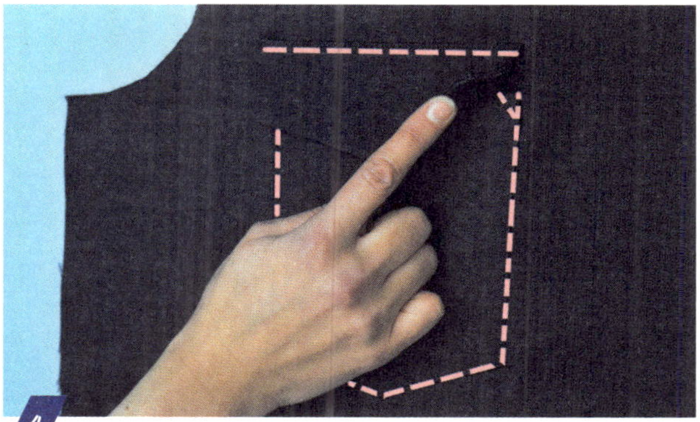

4 Surpiquez les poches et rabats (pointillés roses). Pour le haut des poches, vous pouvez surpiquer un petit « triangle », détail typiquement workwear : cela renforce la couture des poches.

5 Assemblez le dos et les deux devant, en épinglant ensemble les coutures épaules et côtés, endroit contre endroit. Piquez à 1 cm puis surjetez. Repassez les coutures en couchant les couturages vers le devant.

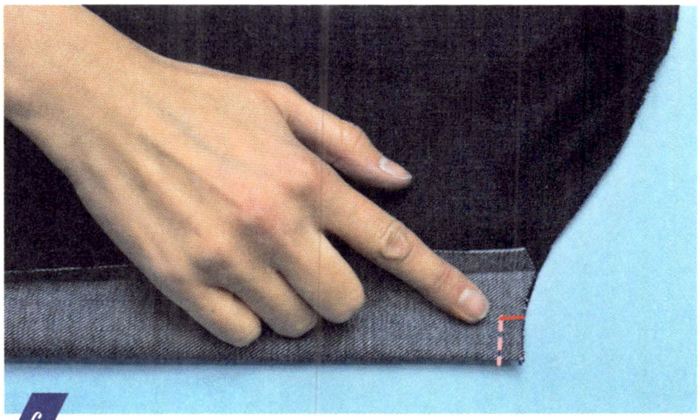

6 Pour les pattes de boutonnage devant, commencez par plier la patte vers l'endroit en vous aidant des repères du patronnage. Piquez à 1 cm du bord la moitié du haut de la patte (pointillés roses sur la photo) puis crantez aux ciseaux au milieu (trait rouge).

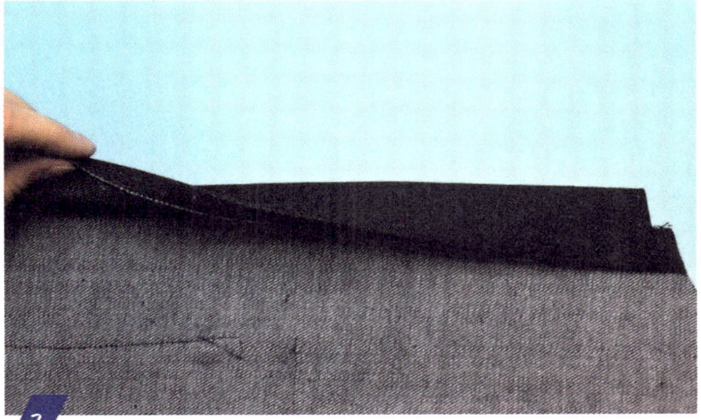

7 Le cran que vous avez découpé vous permet de retourner la patte de boutonnage vers l'envers. Sortez bien l'angle du haut en vous aidant de la pointe des ciseaux et repassez soigneusement la patte, en repliant un centimètre de couturage vers l'intérieur au fer (ce que je montre avec ma main).

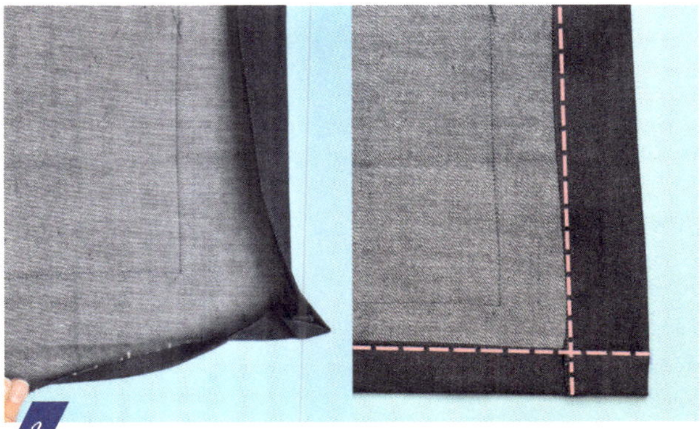

8 Préparez l'ourlet du bas du corps : repliez d'abord 1 cm puis 2 cm au fer au bas de la veste en dépliant la patte de boutonnage. Repliez par-dessus la patte de boutonnage et repassez en place. (photo de gauche). Surpiquez ensuite la patte de boutonnage et l'ourlet du bas de corps au plus près du bord (pointillés roses).

9 Fermez les manches, cousez les fentes indéchirables et les poignets. Assemblez ensuite les manches au corps. Pour toutes ces étapes, reportez-vous pages 108, 109 et 113 du cahier technique. Puis cousez les boutonnières et les boutons des poignets.

10 Vous pouvez ensuite coudre les boutonnières et les boutons du devant. Pour une femme, les boutons sont cousus sur la patte de boutonnage gauche et les boutonnières sur la patte droite. Pour un homme, c'est l'inverse ! Posez enfin le col, en vous aidant du cahier technique, page 112.

11 Pour la veste multipoche, placez les poches de différentes tailles où vous le souhaitez pour un effet patchwork, au moment de l'étape 3.

LE T-SHIRT ET LA MARINIÈRE

NIVEAU : facile

Choix du tissu

Pour le t-shirt et la marinière, choisissez un jersey de coton upcyclé ou un jersey de lin, pour le stretch.

Pour la marinière, vous pouvez aussi la coudre dans un tissu non stretch comme une popeline de coton upcyclé ou de lin (il est alors très important de choisir la taille au-dessus).

Matériel

T-shirt
- 1 m 20 de tissu sur 1 m 40 de large

T-shirt manches longues
- 1 m 50 de tissu sur 1 m 40 de large

Marinière
- 1 m 50 de tissu sur 1 m 40 de large
- 3 boutons (entre 10 mm et 20 mm)

Pièces du patron

Patron femme tracé en bleu / planche A (Devant en bleu / planche B)
Patron homme tracé en bleu / planche D
Le tissu est plié en deux.

Pièces du t-shirt sur les planches de patrons :

N° de pièce	Pièce	Coupe
10F ou 10H	Manche	2 × tissu, à couper dans la version courte
11F ou 11H	Devant	1 × tissu, à couper dans la version t-shirt
12F ou 12H	Dos	1 × tissu, à couper dans la version t-shirt

Pièces de la marinière sur les planches de patrons :

N° de pièce	Pièce	Coupe
10F ou 10H	Manche	2 × tissu, à couper dans la version longue
11F ou 11H	Devant	1 × tissu, à couper dans la version marinière
12F ou 12H	Dos	1 × tissu, à couper dans la version marinière

Bon à savoir !

- Les devant et dos du t-shirt et de la marinière sont tracés sur le même patronnage mais sont différents sur l'épaule. Relevez le bon tracé pour le modèle choisi !
- La manche existe en version courte et longue sur le même patronnage : vous pouvez monter indifférement ces deux versions sur le t-shirt et la marinière. Relevez le bon tracé pour la longueur choisie !
- Le tracé de l'emmanchure comporte des crans : deux crans pour l'emmanchure devant, un cran pour l'emmanchure dos.

Plan de coupe marinière

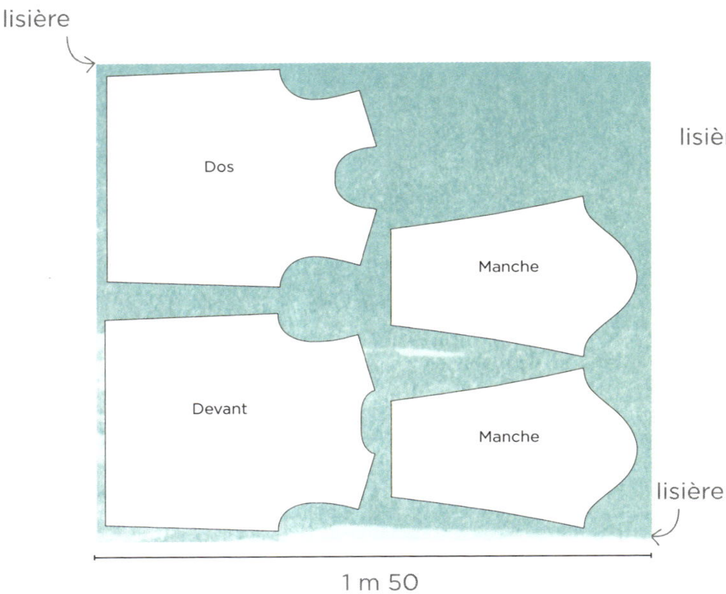

Plan de coupe t-shirt

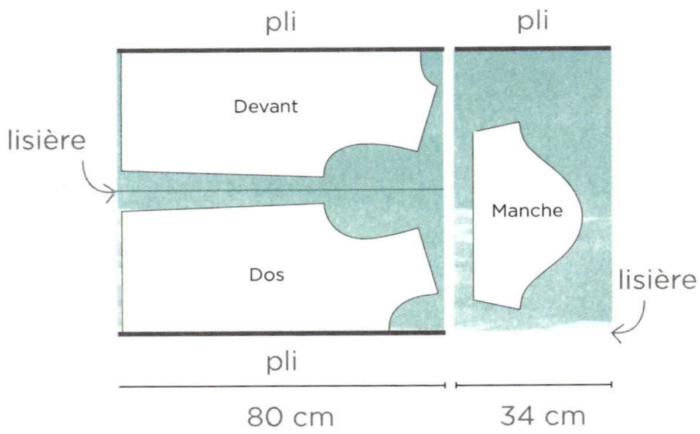

Plan de coupe t-shirt manche longue

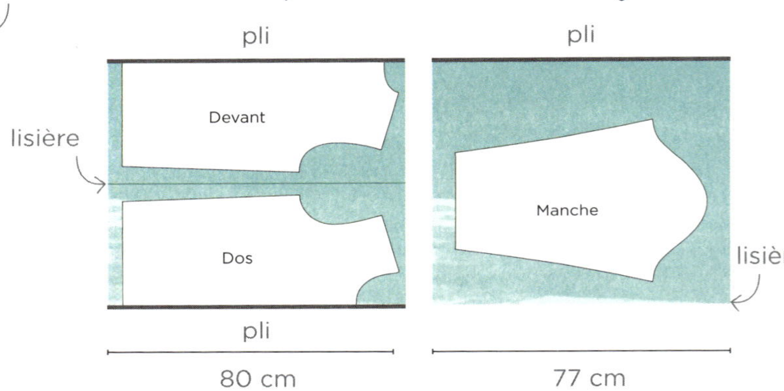

1 Pour le t-shirt, commencez par assembler le dos et les deux devant, en épinglant ensemble les coutures épaules et côtés, endroit contre endroit. Piquez à 1 cm puis surjetez. Pour la marinière, ne cousez pas l'épaule gauche (comme le montrent les pointillés bleus).

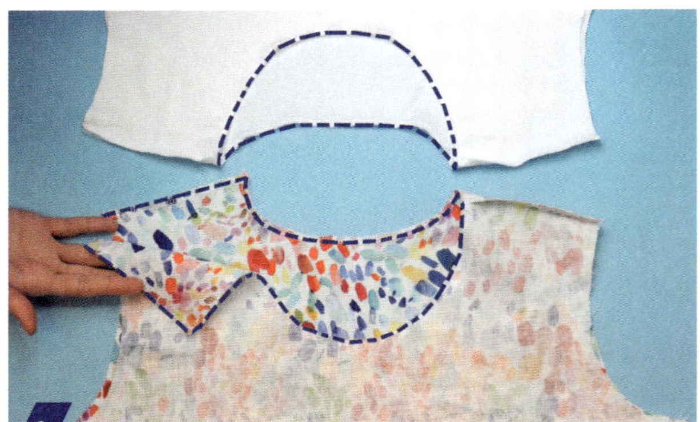

2 Après avoir repassé soigneusement ces coutures côtés et épaules, en couchant les couturages vers le devant, surjetez l'ouverture du col. Pour la marinière, surjetez également les bords de l'épaule gauche (comme le montrent les pointillés bleus).

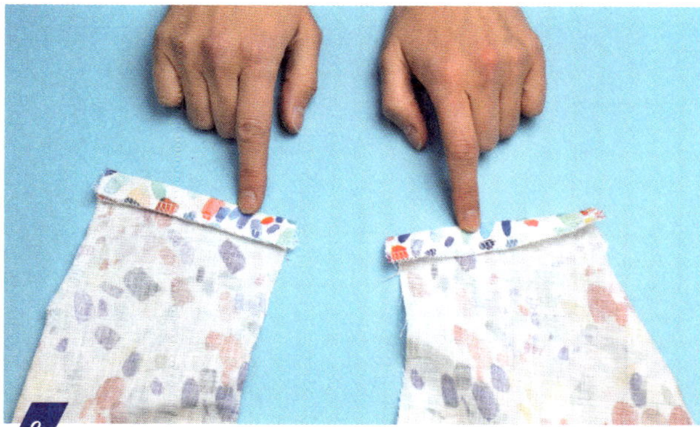

3 Pour le t-shirt, passez directement à l'étape 5. Pour la marinière, repliez vers l'envers 2 cm au fer les bords de l'épaule gauche.

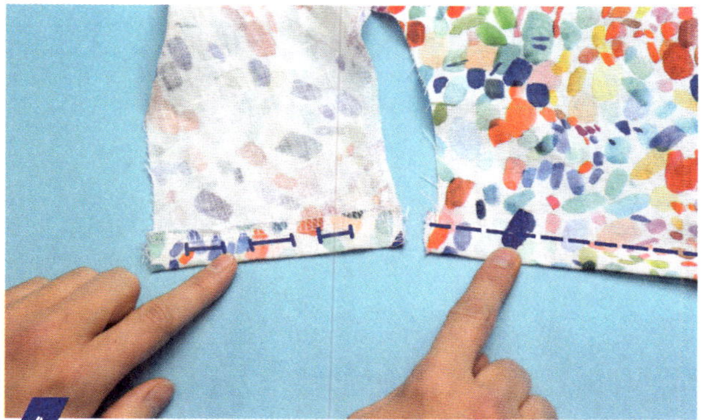

4 Pour la marinière, surpiquez à 1,5 cm les bords de l'épaule gauche et cousez trois boutonnières sur l'épaule devant (en bleu, à gauche sur la photo).

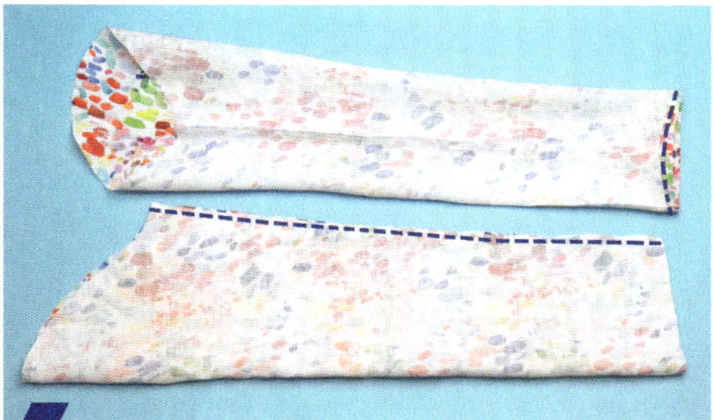

5 Assemblez les manches, en les pliant en deux, endroit contre endroit et épinglez. Puis piquez à 1 cm et surjetez (pointillé du bas). Cousez l'ourlet de bas de manche avant de monter les manches sur le corps (pointillé du haut) voir p. 104.

6 Assemblez les manches au corps.
Pour suivre le pas à pas, rendez-vous page 113 du cahier technique.
Pour le t-shirt, rendez-vous ensuite directement à l'étape 9.

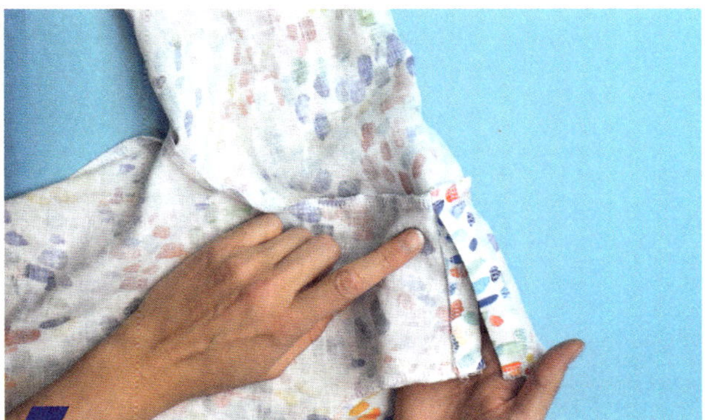

7 Pour la marinière, n'oubliez pas de prendre les bords de l'épaule gauche dans la couture. L'épaule devant se boutonne SUR l'épaule dos. Donc à l'envers, le couturage de l'épaule devant est positionné entre la manche et l'épaule dos (sur la photo : l'épaule dos est à droite, l'épaule devant est à gauche).

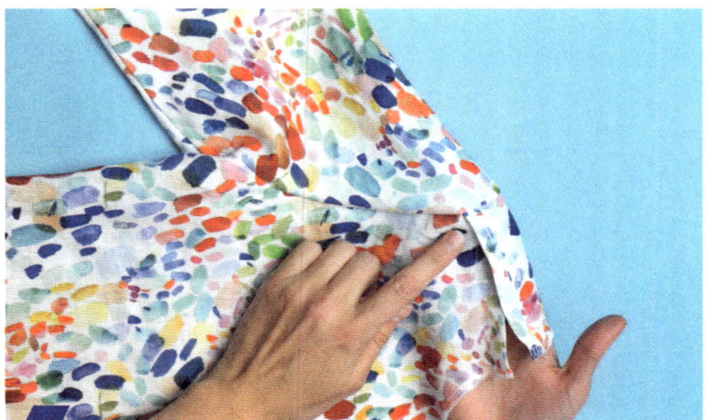

8 Sur l'endroit, cela donne donc l'inverse : l'épaule devant est SUR l'épaule dos (sur la photo : l'épaule devant est à droite, l'épaule dos est à gauche).

9 Repliez de 1 cm vers l'envers l'ouverture du col au fer, pour le t-shirt comme pour la marinière. La seule différence est que le col de la marinière a une patte de boutonnage.

10 Surpiquez à 0,7 mm l'ouverture du col du t-shirt et de la marinière. Cousez les boutons de la marinière sur l'épaule gauche dos : placez-en un à 1 cm du bord de l'encolure, un deuxième à 1 cm de la couture épaule et le dernier entre les deux.

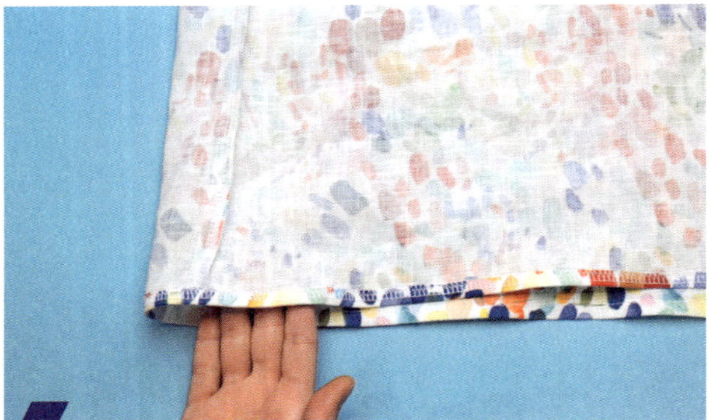

11 Finissez par l'ourlet du bas de corps en choisissant votre méthode préférée page 104.

LA LIQUETTE ET LA CHEMISETTE

Dans les plantations en Orient

LA LIQUETTE

Cette chemise longue est, en Occident, un pyjama de nuit pour homme et femme, légèrement démodé… Au Moyen-Orient et en Asie, la liquette est un vêtement traditionnel qui se porte le jour, un vêtement de travail pour hommes et femmes. La liquette y prend différentes appellations, comme la *kurta*, ou la *kamiz* (chemise en arabe, dérivé du latin *camisia*), portées par-dessus un pantalon type pyjama nommé *salwar*. On la rencontre partout : en Afghanistan, en Inde, au Népal, au Pakistan, en Égypte…

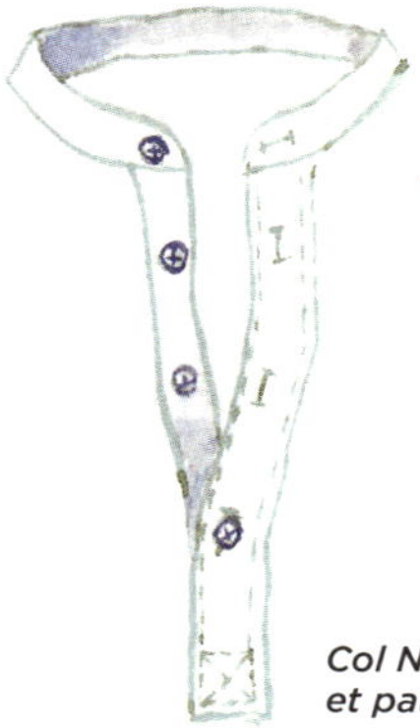

Col Nehru et patte polo

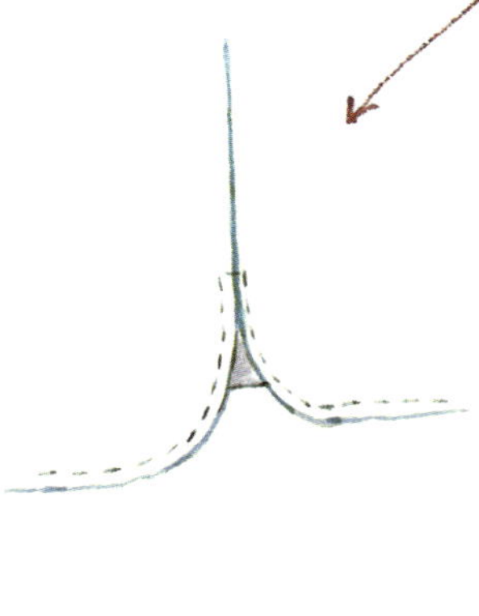

Elle possède un col Mao – qu'on appelle plus consensuellement « col Nehru » de nos jours – et une patte de boutonnage uniquement sur la partie supérieure, appelée en couture « patte polo ». Ses manches longues sont souvent agrémentées de poignets classiques, et il n'est pas rare qu'elle ait deux fentes latérales, souvent arrondies. Le dos en est parfois plus long que le devant.

Cette liquette peut être plus ou moins longue, aux genoux, mi-cuisse, ou longueur chemise.

C'est en rêvant à la récolte du safran dans les champs de crocus que j'ai imaginé le motif Paon, illustration d'une Inde fantasmée des maharadjahs...

LA CHEMISETTE À COL TUNISIEN

Comme pour la liquette, un col tunisien est fermé par une patte de boutonnage verticale jusqu'au milieu de la poitrine. Aux origines, le « tunisien » désigne un top en maille, avec cette ouverture si particulière, tricoté en Tunisie depuis un siècle et dénommé le *mérioul Fadhila*. En effet, ce tricot de corps a été rendu célèbre par la comédienne et chanteuse tunisienne, Fadhila Khetmi, en 1926. Je vous propose ici mon interprétation en tissu, pour un top léger et pratique !

LA CHEMISETTE HAWAÏENNE

Comme souvent pour les vêtements, l'invention de la chemise hawaïenne raconte une histoire des colonies et des migrations. Vers 1870, les colons britanniques décident de faire venir à Hawaï des immigrés japonais pour travailler, à bas coût, dans les plantations de cannes à sucre. Les conditions de travail sont difficiles, et les *gannenmono* (les premiers immigrés japonais) travaillent torse nu, choquant les missionnaires protestants qui leur demandent de se couvrir. Les travailleurs vont alors inventer une chemisette légère, inspirée de la chemise occidentale, confectionnée dans les tissus fleuris pour kimono qu'ils ont emportés avec eux : la chemise hawaïenne est née, vêtement de travail hybride. Suite au développement de l'aviation de tourisme, de plus en plus d'Américains séjournent à Hawaï, et la chemise hawaïenne change de destin : elle devient l'incarnation de la chemisette décontractée de vacances – mi-ringarde, mi-cool !

Reprenant les codes de la chemise classique, la chemisette hawaïenne a un petit col évasé sans pied de col et des manches courtes. Elle est agrémentée de boutons en noix de coco ou en nacre, faciles à se procurer sur l'île.

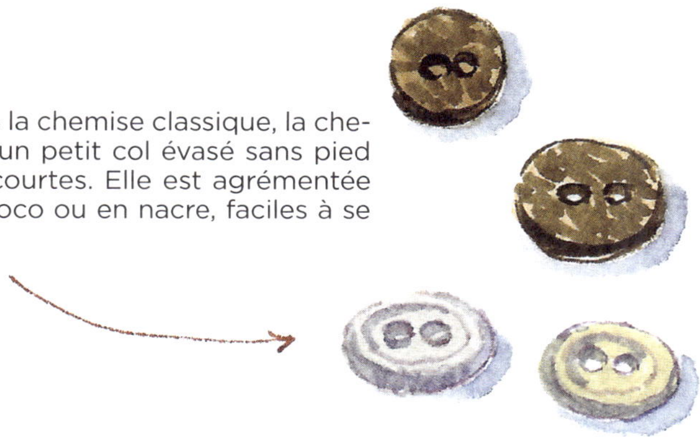

J'ai choisi pour ces modèles le motif Printemps en m'inspirant des origines japonaises et métissées de la chemise hawaïenne, mais aussi le motif Lunettes de soleil : il fait joliment référence au destin moderne de la chemise hawaïenne qui nous évoque, depuis les fifties, des îles paradisiaques.

LA LIQUETTE, LA ROBE LIQUETTE ET LA CHEMISETTE TUNISIENNE

NIVEAU : moyen

Choix du tissu

Pour ces modèles, choisissez une toile légère de coton upcyclé, comme une popeline ou un voile. Vous pouvez aussi choisir un voile de lin, ou de la viscose écologique fluide (viscose EcoVero ou tencel Lenzing).

Astuce : Vous pouvez aussi coudre la liquette et la robe liquette avec des manches courtes. Dans ce cas, coupez les manches dans la version courte.

Attention, vous avez, sur le même patronnage, les différents tracés pour la chemise liquette, la robe liquette, la chemisette tunisienne et la chemisette hawaïenne ! Faites attention quand vous reportez le patronnage : certains modèles sont à couper au pli, d'autres non... et les longueurs ne sont pas les mêmes.

Matériel

Liquette
- 2 m de tissu sur 1 m 40 de large
- 50 cm sur 43 cm de thermocollant
- 6 boutons (entre 10 mm et 12 mm)

Robe liquette
- 2 m 40 de tissu sur 1 m 40 de large
- 50 cm sur 43 cm de thermocollant
- 6 boutons (entre 10 mm et 15 mm)

Chemisette tunisienne
- 1 m 30 de tissu sur 1 m 40 de large
- 50 cm sur 30 cm de thermocollant
- 4 boutons (entre 15 mm et 20 mm)

Devant à couper 1 × au pli

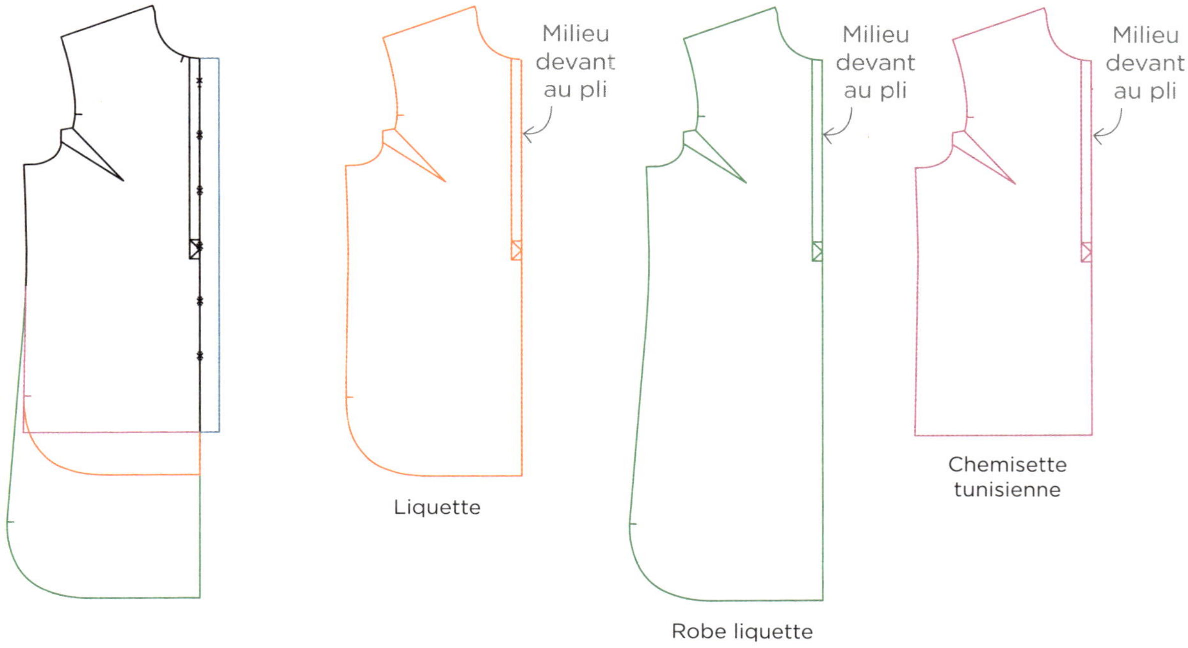

Pièces du patron

Patron femme tracé en violet / planche B
Patron homme tracé en jaune / planche B
Le tissu est plié en deux.
Attention, la pièce Dos pour le modèle femme est tracée en deux parties sur la planche. Après avoir décalqué les deux morceaux, superposez les lignes avec des lettres pour reformer la pièce entière.

Pièces de la liquette et de la robe liquette sur les planches de patrons :

N° de pièce	Pièce	Coupe
20F ou 20H	Manche	2 × tissu, à couper dans la version longue
21F ou 21H	Poignet	2 × tissu au pli, 2 × thermocollant au pli
22F ou 22H	Devant	1 × tissu au pli, à couper dans la longueur liquette ou robe liquette, et à couper au pli sur le bon trait pour la liquette et la robe liquette
23F ou 23H	Dos	1 × tissu au pli, à couper dans la longueur liquette ou robe liquette
25F ou 25H	Col Nehru	2 × tissu au pli, 1 × thermocollant au pli

Pièces à tracer pour la liquette et la robe liquette :

Pièce	Dimensions (largeur × hauteur)	Coupe
Patte polo	8 × 32 cm	2 × tissu, 2 × thermocollant
Patte fente indéchirable	4 × 20 cm	2 × tissu

Pièces de la chemisette tunisienne sur les planches de patrons :

N° de pièce	Pièce	Coupe
20F ou 20H	Manche	2 × tissu, à couper dans la version courte
22F ou 22H	Devant	1 × tissu au pli, à couper dans la longueur chemisette, et à couper au pli sur le bon trait pour la chemisette tunisienne
23F ou 23H	Dos	1 × tissu au pli, à couper dans la longueur chemisette
25F ou 25H	Col Nehru	2 × tissu au pli, 1 × thermocollant au pli

Pièce à tracer pour la chemisette tunisienne :

Pièce	Dimensions (largeur × hauteur)	Coupe
Patte polo	8 × 32 cm	2 × tissu, 2 × thermocollant

Plan de coupe liquette

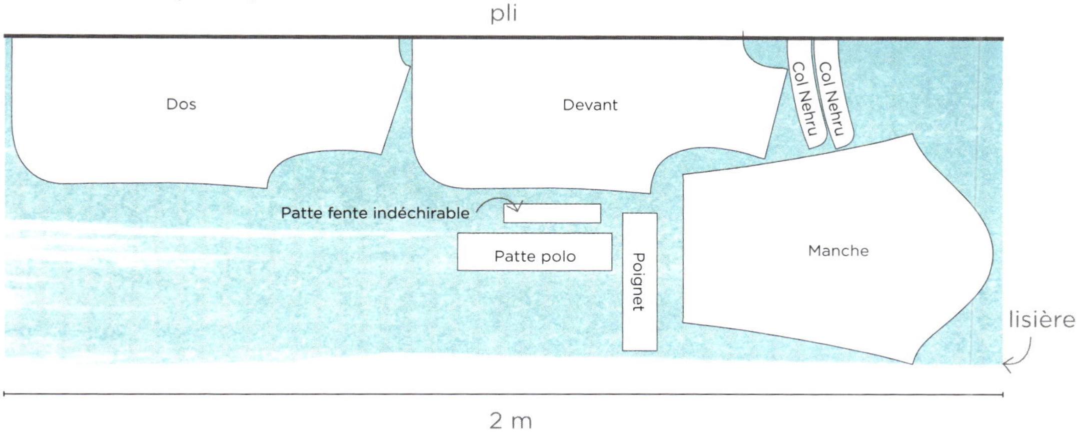

Plan de coupe robe liquette

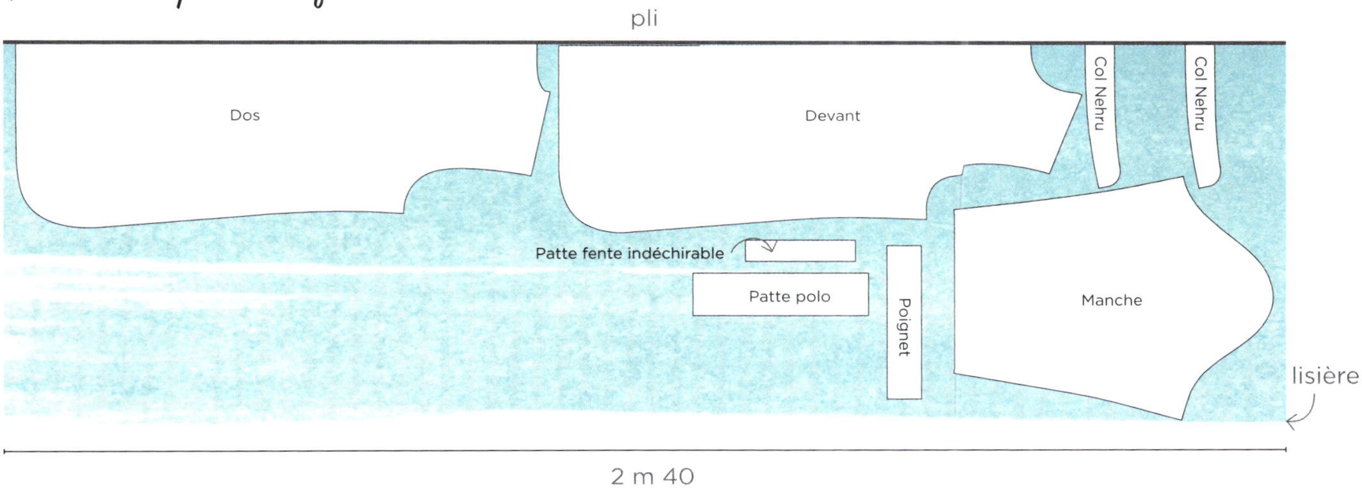

Plan de coupe chemisette tunisienne

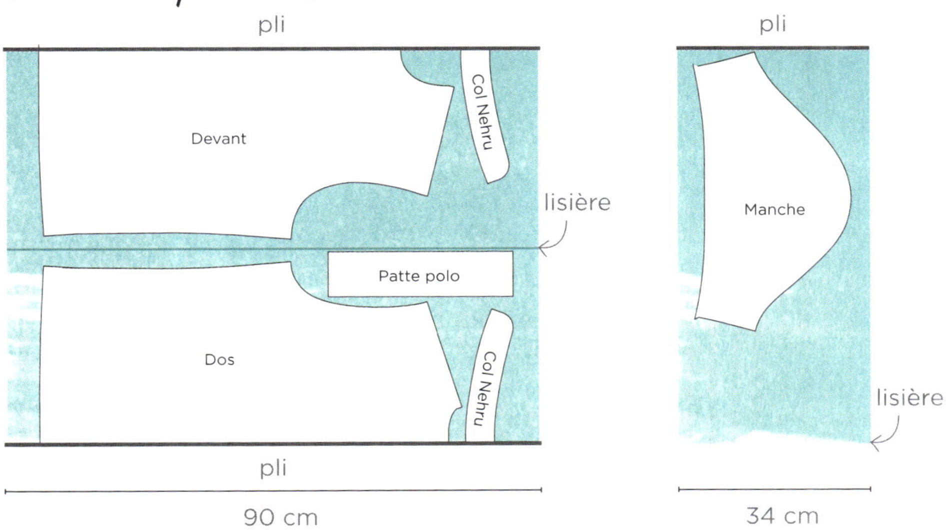

1 Pour les modèles féminins, commencez par coudre les pinces devant. Passez directement à l'étape 2 pour les modèles masculins. Pour suivre le pas à pas des pinces, rendez-vous page 105 du cahier technique.

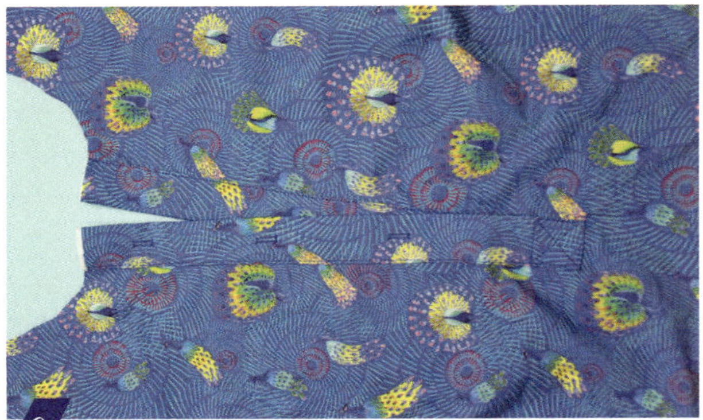

2 Attaquez ensuite la patte polo sur le devant. Pour apprendre à coudre une patte polo, reportez-vous page 106 du cahier technique. Rendez-vous à l'étape 6 pour la chemisette tunisienne, et à l'étape 3 pour la chemise et la robe liquette.

3 Pour la chemise et la robe liquette, assemblez seulement les épaules, endroit contre endroit, en piquant à 1 cm puis en surjetant (pointillés rouges). Repassez soigneusement ces coutures, en couchant les couturages vers le devant. Surjetez séparément les côtés de la chemise ou de la robe en continuant sur le bas du vêtement (pointillés turquoise).

4 Épinglez les côtés surjetés et piquez à 1 cm en vous arrêtant au cran de la fente en bas du vêtement (repère rouge). Repassez en ouvrant les coutures côtés, en couchant les couturages surjetés de chaque côté, et en créant l'ourlet de 1 cm du bas du vêtement dans la continuité.

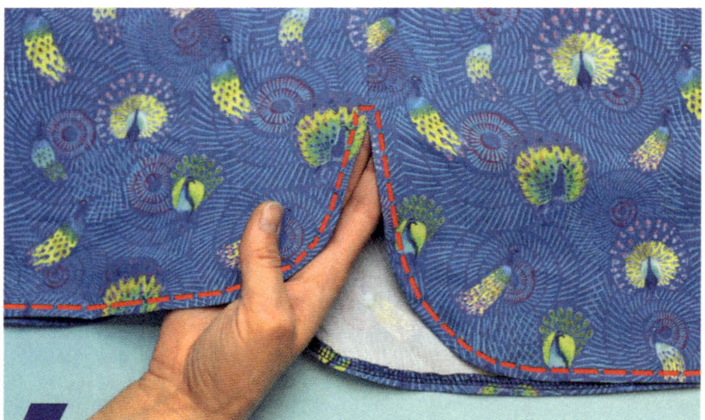

5 Surpiquez l'ourlet et les fentes en suivant les pointillés. Rendez-vous ensuite à l'étape 8.

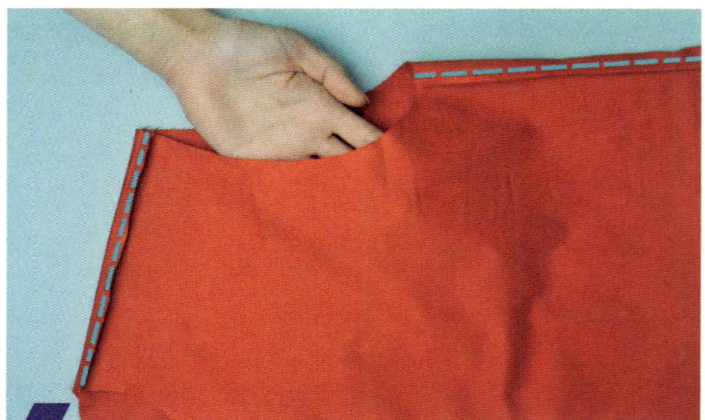

6 Pour la chemisette tunisienne, assemblez le dos et le devant, en épinglant ensemble les coutures épaules et côtés, endroit contre endroit. Piquez à 1 cm puis surjetez. Repassez soigneusement ces coutures côtés et épaules, en couchant les couturages vers le devant.

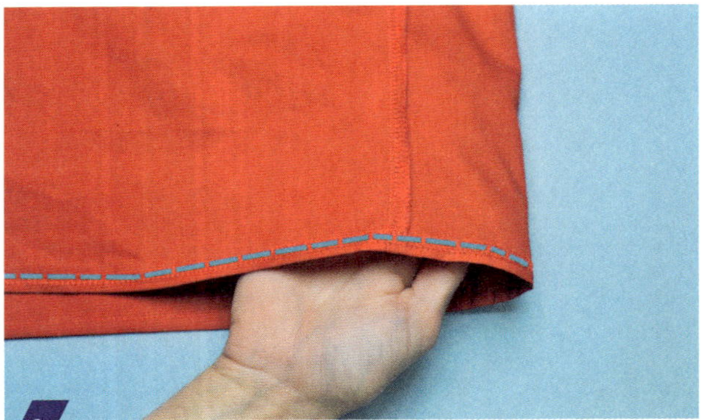

7 Pour la chemisette tunisienne, cousez l'ourlet du bas de corps en choisissant votre méthode préférée, puis rendez-vous à l'étape 9.
Pour apprendre à coudre un ourlet, reportez-vous page 104 du cahier technique.

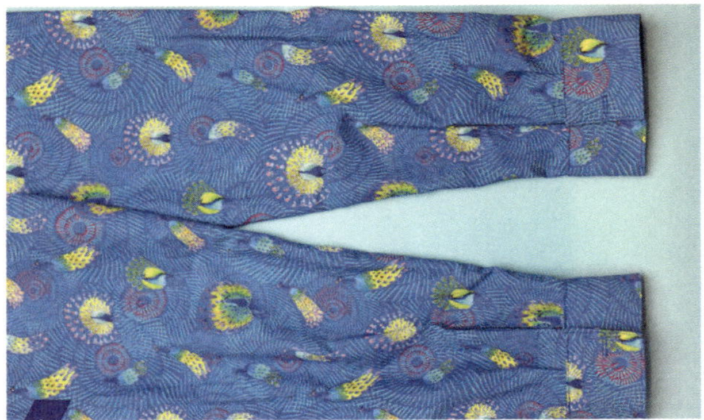

8 Pour la chemise et la robe liquette, préparez les manches. Cousez d'abord les fentes indéchirables, fermez les manches puis cousez les poignets. Cousez les boutonnières et les boutons des poignets. Pour toutes ces étapes, reportez-vous pages 108 et 109 du cahier technique, puis rendez-vous à l'étape 10.

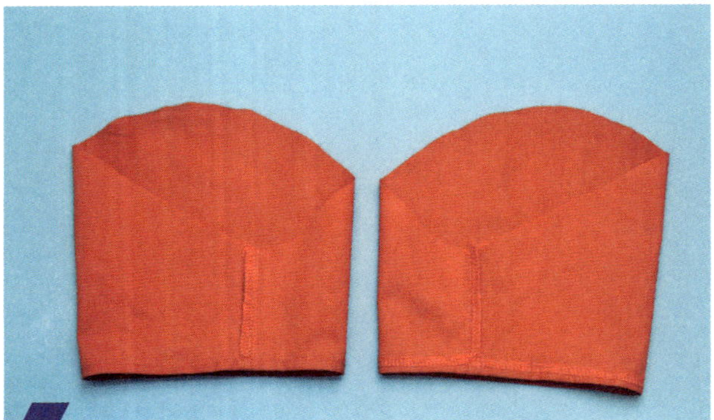

9 Pour la chemisette tunisienne, assemblez les manches, en les pliant en deux, endroit contre endroit et épinglez. Puis piquez à 1 cm et surjetez. Cousez l'ourlet de bas de manche (à gauche la méthode 2, à droite la méthode 1). Pour apprendre à coudre un ourlet, reportez-vous page 104 du cahier technique.

10 Assemblez les manches au corps.
Pour suivre le pas à pas, rendez-vous page 113 du cahier technique.

11 Cousez enfin le col Nehru en vous aidant du cahier technique, page 110. Finissez par les boutons et les boutonnières.

LA CHEMISETTE HAWAÏENNE

NIVEAU : facile

Choix du tissu

Pour ces modèles, choisissez une toile légère de coton upcyclé, comme une popeline ou un voile. Vous pouvez aussi choisir un voile de lin, ou de la viscose écologique fluide (viscose EcoVero ou tencel Lenzing).

Matériel

- 1 m 40 de tissu sur 1 m 40 de large
- 75 cm sur 45 cm de thermocollant
- 6 boutons (entre 10 mm et 12 mm)

Pièces du patron

Patron femme tracé en violet / planche B
Patron homme tracé en jaune / planche B
Le tissu est plié en deux.

Sur les planches de patrons :

N° de pièce	Pièce	Coupe
20F ou 20H	Manche	2 × tissu, à couper dans la longueur chemisette
22F ou 22H	Devant	2 × tissu, à couper dans la longueur chemisette et à couper en largeur sur le bon trait pour la chemisette
23F ou 23H	Dos	1 × tissu au pli, à couper dans la longueur chemisette
24F ou 24H	Col	2 × tissu au pli, 1 × thermocollant au pli
26F ou 26H	Parementure devant	2 × tissu, 2 × thermocollant

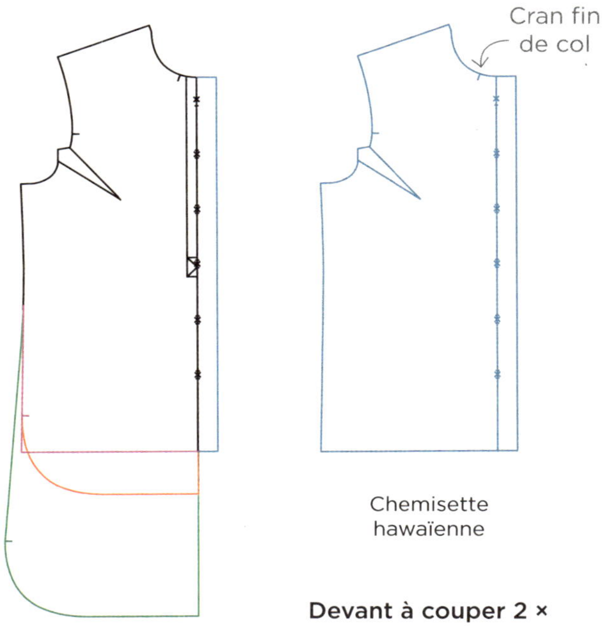

Chemisette hawaïenne

Devant à couper 2 ×

Alerte ! Attention, vous avez sur le même patronnage les différents tracés pour la chemise liquette, la robe liquette, la chemisette tunisienne et la chemisette hawaïenne ! Faites attention quand vous reportez le patronnage : certains modèles sont à couper au pli, d'autres non… et les longueurs ne sont pas les mêmes.

Astuce : Vous pouvez aussi coudre les deux chemisettes avec les manches longues à poignet de la liquette. Dans ce cas, coupez les manches 20 dans la version longue, les poignets 21, et n'oubliez pas les rectangles de patte de fente indéchirable.

Plan de coupe

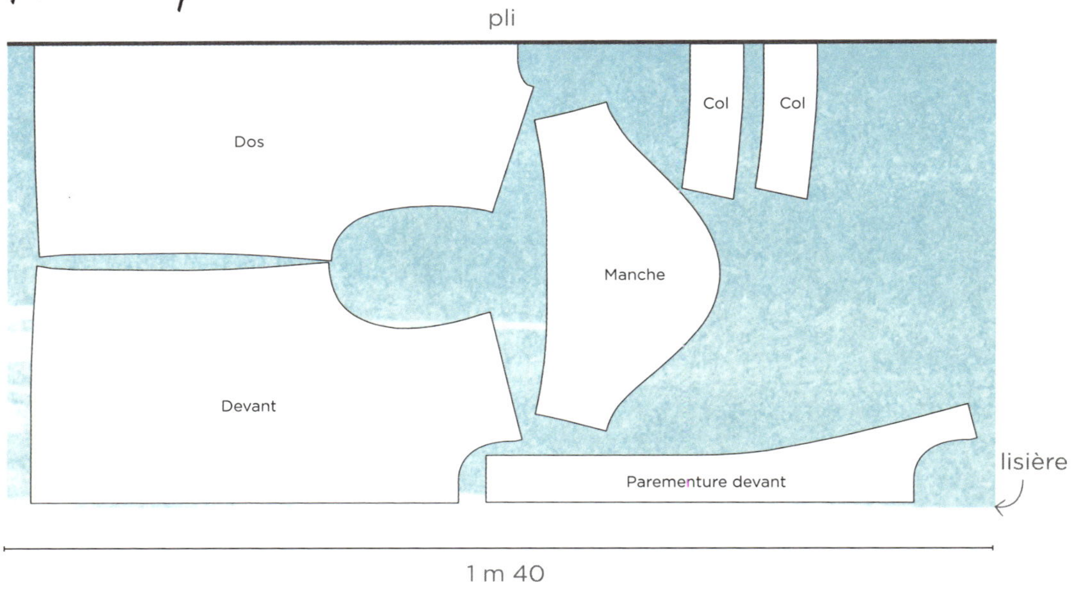

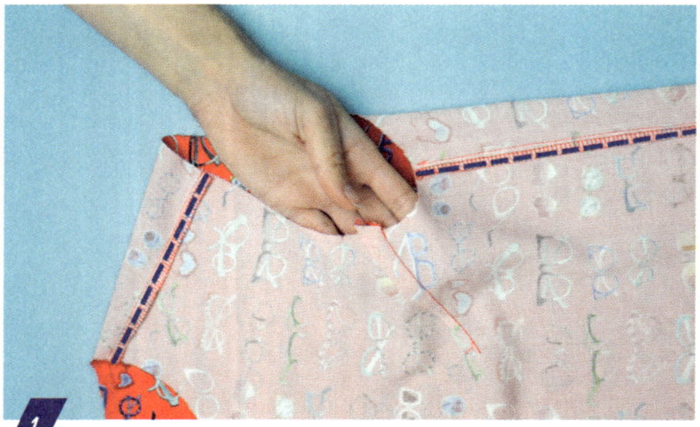

1 Pour les modèles féminins, commencez par coudre les pinces devant. Pour suivre le pas à pas des pinces, rendez-vous page 105 du cahier technique. Assemblez le dos et les deux devant, en épinglant ensemble les coutures épaules et côtés, endroit contre endroit. Piquez à 1 cm puis surjetez (pointillés bleus).

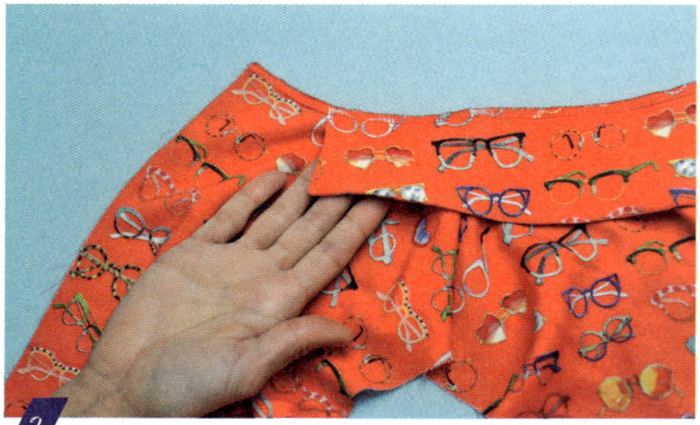

2 Repassez soigneusement ces coutures côtés et épaules, en couchant les couturages vers le devant. Montez ensuite le col en vous aidant du cahier technique, page 111.

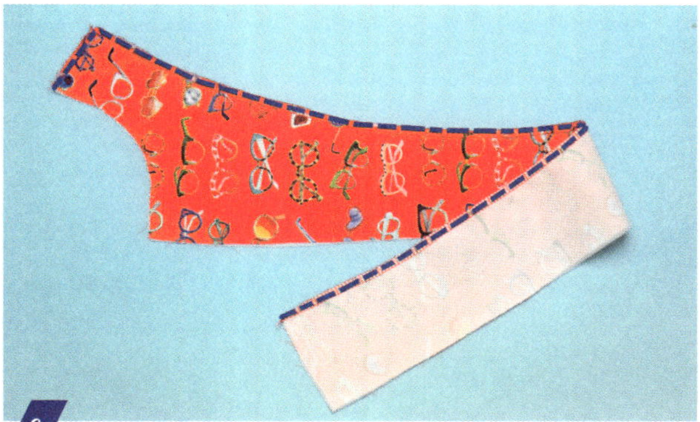

3 Thermocollez les deux parementures du col puis surjetez l'épaule et le long côté de chacune (pointillés bleus).

4 Surjetez le bas de la chemisette (pointillés bleus). Épinglez symétriquement endroit contre endroit les parementures sur les devants de la chemisette, en faisant coïncider les angles du bas.

5 Quand vous épinglez le haut de la parementure, prenez le col en sandwich entre la parementure et le corps. Aidez-vous du cran (en rouge) pour bien placer la parementure. Piquez à 1 cm, de l'encolure jusqu'au petit côté bas de la parementure (pointillés bleus).

6 Dégarnissez aux ciseaux l'angle du bas. Quand vous retournerez la parementure vers l'intérieur du vêtement, faites un angle bien net (en vous aidant de la pointe d'un ciseau ou d'un pinceau). Repassez en même temps cet angle et l'ourlet surjeté du bas du vêtement sur 1 cm.

7 Dégarnissez aussi aux ciseaux l'angle du haut et crantez l'arrondi (pointillés bleus). Quand vous retournerez la parementure vers l'intérieur du vêtement, faites un angle bien net (en vous aidant de la pointe d'un ciseau ou d'un pinceau).

8 Une fois la parementure retournée et soigneusement repassée, surpiquez discrètement le haut de la parementure sur le couturage de l'épaule (pointillé bleu).

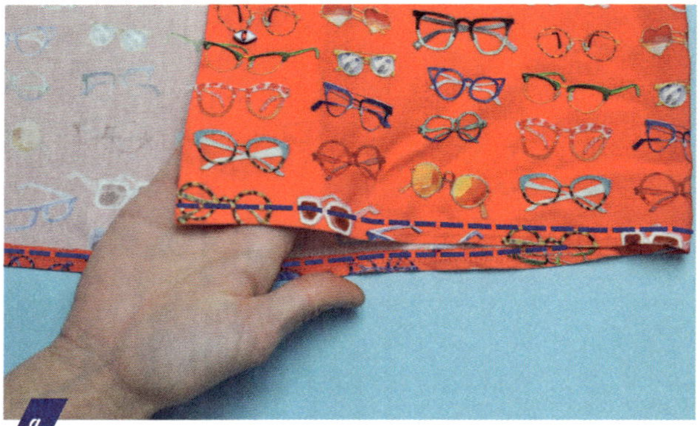

9 Surpiquez à 7 mm du bord l'ourlet du bas que vous avez repassé à l'étape 6.

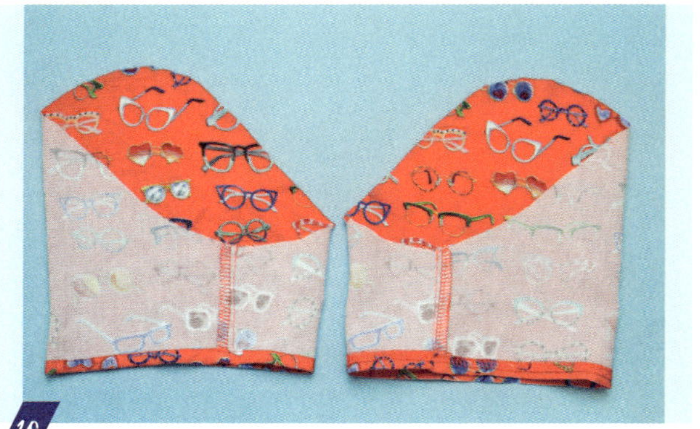

10 Assemblez les manches, en les pliant en deux, endroit contre endroit et épinglez. Puis piquez à 1 cm et surjetez. Repassez soigneusement en couchant les coutures vers le dos. Cousez l'ourlet de bas de manche (à gauche la méthode 2, à droite la méthode 1), en vous aidant du cahier technique, page 104.

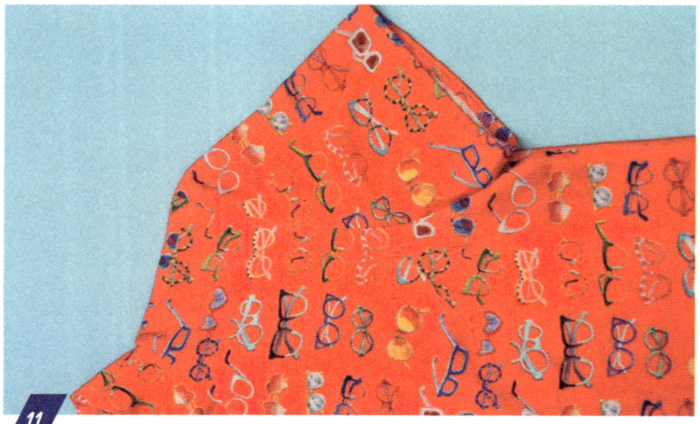

11 Montez les manches sur le corps. Pour suivre le pas à pas, rendez-vous page 113 du cahier technique.

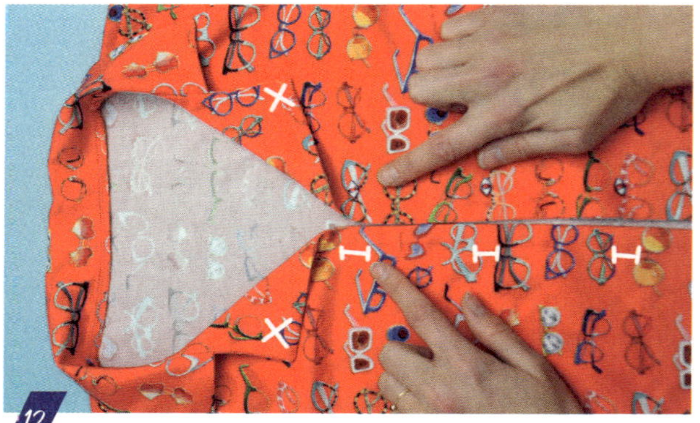

12 Cousez enfin les boutonnières et les boutons. Aidez-vous des repères du patronnage pour les placer, en ne faisant pas le plus haut (la croix blanche correspond à un emplacement sans bouton ni boutonnière). Pour une femme, les boutons sont cousus sur la patte de boutonnage gauche et les boutonnières sur la patte droite. Pour un homme, c'est l'inverse !

LE KIMONO

pour tous les jours

Le kimono est le vêtement japonais par essence : kimono signifie littéralement « chose à porter sur soi ». Le patron du kimono est formé uniquement de rectangles et de triangles : il est donc entièrement plat, et non « en forme » comme les vêtements occidentaux.

Il existe dans toutes les matières, peut être doublé, ouaté ou matelassé, en fonction des saisons et des occasions. Il peut être en soie magnifique pour un mariage, comme en coton teinté en indigo pour les travaux des champs. Le kimono que je propose ici est un *haori*, une veste qui a une forme très simple en T, dans un tissu léger.
Le kimono peut être fermé par une large ceinture nommée obi.

Je suis très sensible à la technique du textile *boro* : les paysans japonais ravaudaient à l'infini leur kimono de travail, le transformant en œuvre d'art poétique, un patchwork de pièces reprisées et de réparations brodées. Je suis touchée par le soin apporté à réparer un vêtement de travail modeste. Ces pièces très précieuses se vendent maintenant aux enchères, allez voir les images, c'est magnifique !

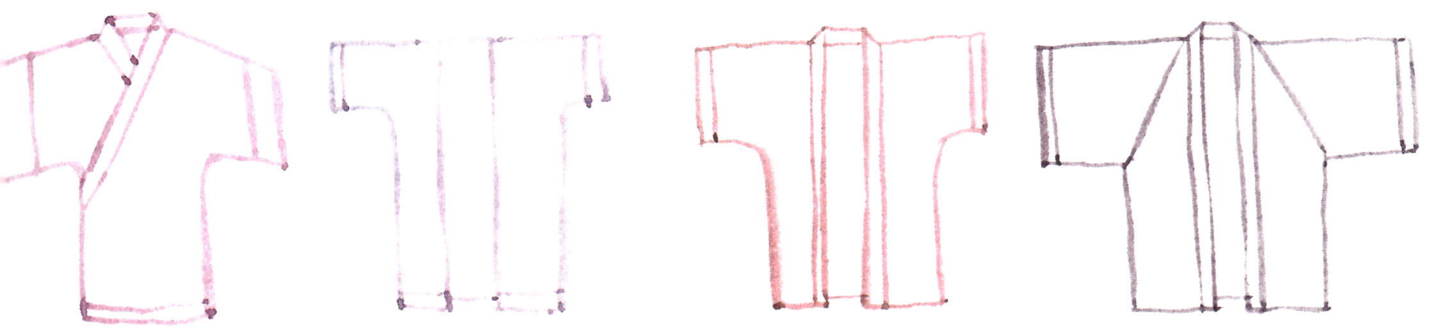

LA VESTE KIMONO

NIVEAU : facile

Choix du tissu

Pour ce modèle, choisissez un tissu fluide, comme une toile légère de coton upcyclé, une popeline ou un voile. Vous pouvez aussi choisir un voile de lin, ou de la viscose écologique fluide (viscose EcoVero ou Tencel Lenzing).

Matériel

- 2 m de tissu sur 1 m 40 de large

Pièces du patron

Patron mixte tracé en rose / planche A
Le tissu est plié en deux.
Attention, la pièce Dos est tracée en deux parties sur la planche. Après avoir décalqué les deux morceaux, superposez les lignes avec des lettres pour reformer la pièce entière.

Sur les planches de patrons :

N° de pièce	Pièce	Coupe
27FH	Devant	2 × tissu
28FH	Dos	1 × tissu au pli
29FH	Col	2 × tissu
30FH	Bracelet de manche	2 × tissu au pli

Plan de coupe

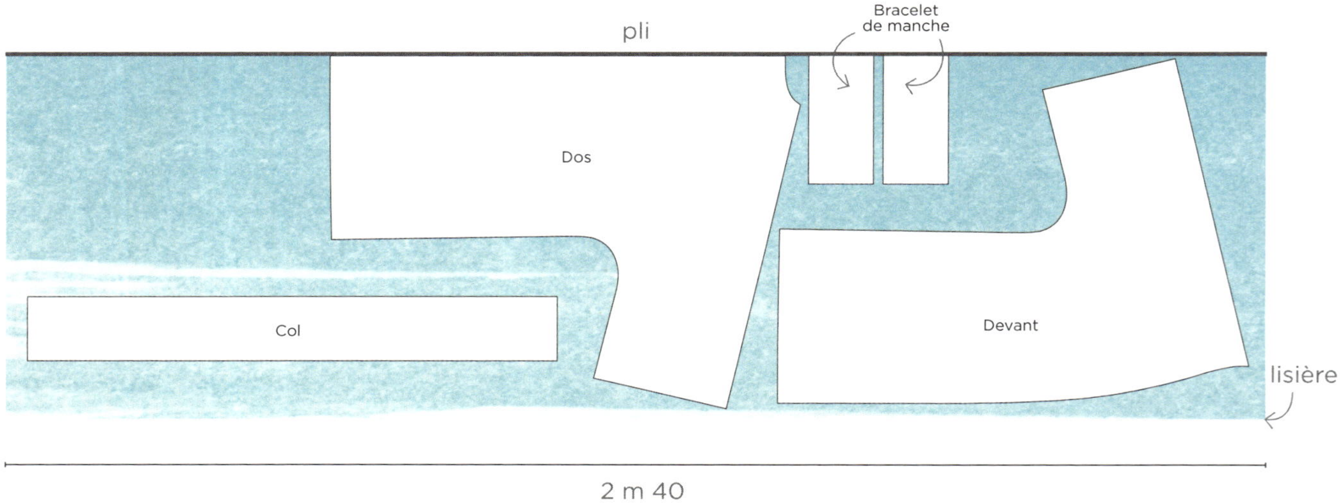

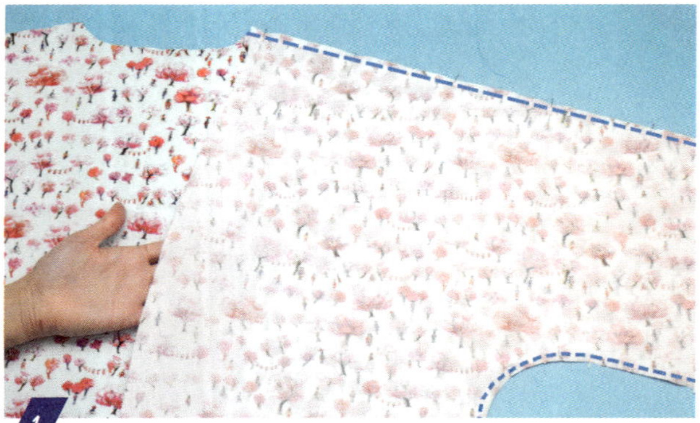

1 Commencez par assembler le dos et les deux devant, en épinglant ensemble les coutures épaules et côtés, endroit contre endroit. Piquez à 1 cm puis surjetez (pointillés bleus).

2 Après avoir repassé soigneusement ces coutures côtés et épaules, en couchant les couturages vers le devant, surjetez le bas du kimono (pointillés bleus).

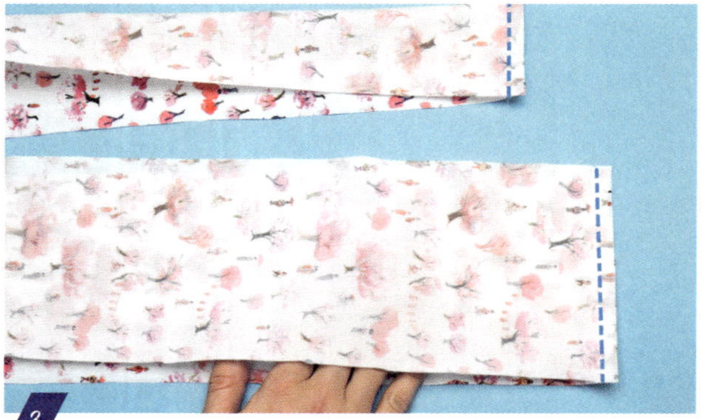

3 Piquez ensemble à 1 cm endroit contre endroit les deux morceaux qui forment le long col (pointillés bleus du bas). Faites attention si votre tissu a un motif à sens, cette couture sera sur le milieu dos. Puis repliez le col endroit contre endroit dans la longueur et piquez à 1 cm de chaque côté (pointillés bleus du haut).

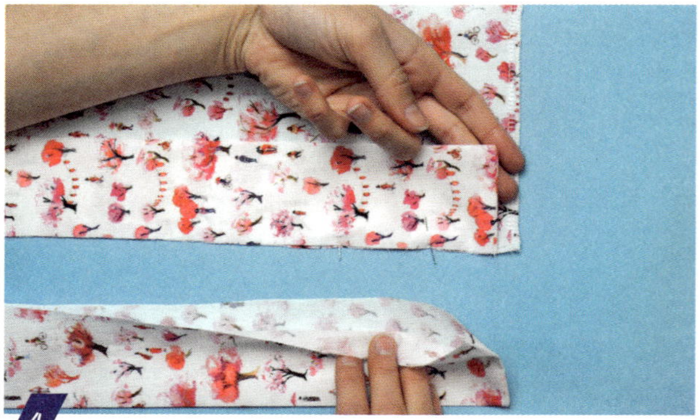

4 Retournez sur l'endroit le col en sortant bien les angles, en vous aidant avec la pointe de ciseaux (en bas sur la photo). Puis épinglez le col endroit contre endroit sur toute l'ouverture du kimono, en décalant d'un centimètre le bas du col et le bas du kimono (en haut sur la photo).

5 Piquez le col tout le long de l'ouverture du kimono, surjetez et repassez soigneusement, en couchant le couturage vers le corps.

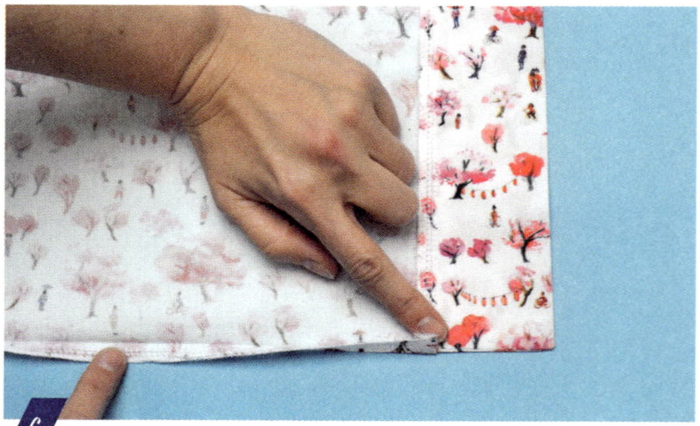

6 À l'aide du fer, repliez vers l'envers le bas du kimono sur 1 cm : c'est le fameux centimètre que vous avez décalé par rapport à la bande du col, à l'étape 4.

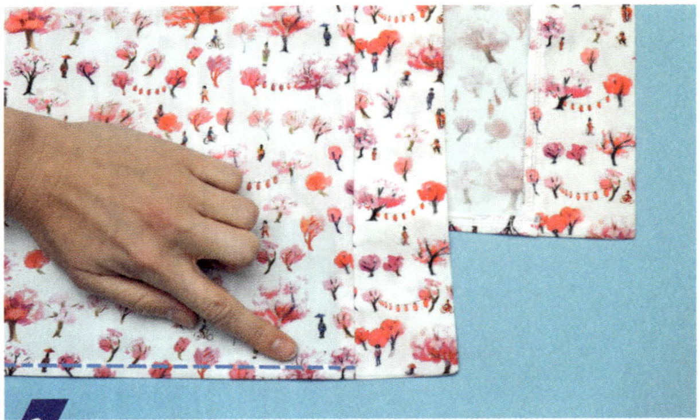

7 Surpiquez ensuite à 7 mm cet ourlet (pointillés bleus) en vous arrêtant à la bande du col.

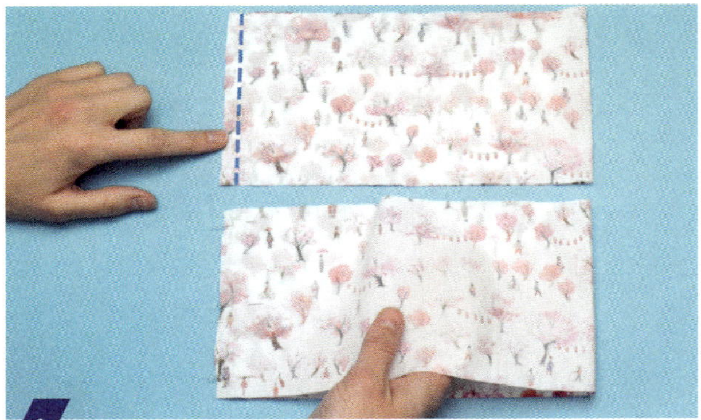

8 Pliez chaque bracelet de manche endroit contre endroit dans le sens de la largeur. Épinglez et piquez à 1 cm (pointillés bleus). Repassez ces coutures en ouvrant à plat les couturages.

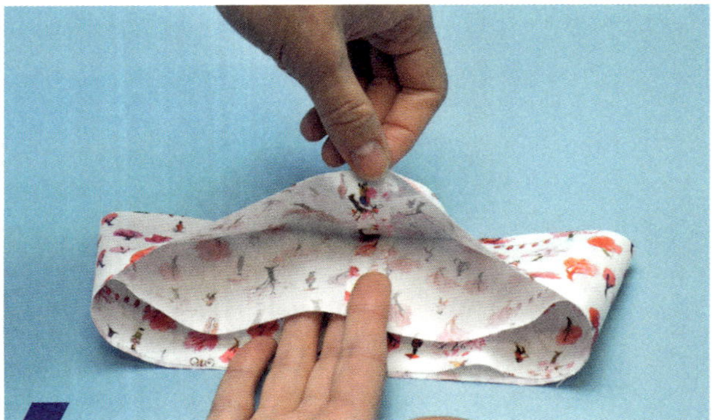

9 Repliez envers contre envers ces bracelets de manche en les repassant au fer dans le sens de la longueur.

10 Glissez ensuite ces bracelets de manche autour de la manche, endroit contre endroit, bord contre bord. Faites coïncider la couture de la patte de manche avec la couture côté de la manche (et non la couture épaule).

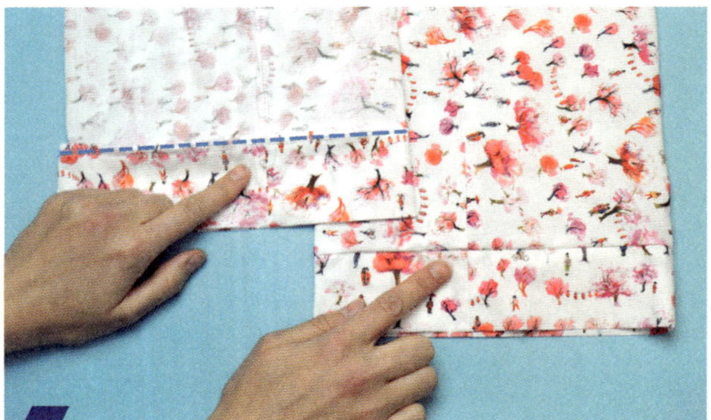

11 Piquez à 1 cm et surjetez ensemble les pattes de bas de manche et les manches (pointillés bleus). Repassez soigneusement la couture en couchant le couturage vers le corps. Votre kimono est fini !

LE CHINO ET LE BOMBER RÉVERSIBLE

Quand les militaires ont de bonnes idées

Le chino est le pantalon classique porté par tous quand on ne porte pas de jean… Son origine est militaire : Au milieu du XIXe siècle, l'armée britannique, débarquée aux Indes, trouve rapidement que son uniforme blanc et rouge n'est adapté ni à la poussière, ni à la chaleur, ni aux exigences de camouflage. Sir Harry Lumsden décide alors de teindre les pantalons blancs avec les moyens du bord – thé, café, jus de tabac, curry et autres pigments naturels – conférant dès lors aux pantalons des teintes ocre, kaki, brunes. Le mot *khaki* en persan désigne d'ailleurs « la couleur du sol » ou « terreux ».

L'armée britannique essaimant aux quatre coins de l'Empire, les soldats américains croisent ce fameux pantalon aux Philippines et décident de l'adopter et de rapporter cette bonne idée au pays. Ils le portent pendant la guerre hispano-américaine, et l'appellent le « chino » (chinois en espagnol) en référence à leur découverte du pantalon en Asie.

Poches italiennes renforcées par des points de renfort

Poches passepoilées au dos

De coupe droite, le chino possède une braguette et des poches italiennes, qui sont renforcées par des points de solidité.

Le dos est souvent agrémenté de poches passepoilées, parfois fermées par un bouton.

Le pantalon chino a ensuite été adopté par les civils, grâce à un petit coup de pouce : au retour des soldats de la Seconde Guerre mondiale, la loi « G.I. Bill » réserve des tarifs d'université très avantageux aux anciens soldats. C'est ainsi que le pantalon chino débarque massivement dans les universités américaines, devenant le pilier du look preppy du jeune universitaire américain !

Le bomber réversible est créé par l'armée américaine et porté par les marines et les G.I. pendant la guerre du Vietnam. Son petit nom de guerre est le Flight jacket MA-1 car il est porté par les pilotes.

Les premiers blousons d'aviateurs étaient en cuir. Le bomber est lui en nylon – léger et imperméable – et rembourré d'une couche de duvet. Mais surtout, il est réversible : camouflage kaki d'un côté, il est doublé, sur l'autre face, d'un orange « détresse ». Consigne était de retourner le blouson du côté orange fluo pour être repéré par l'équipe de sauvetage en cas de naufrage ou autre catastrophe.

Le bomber est zippé, et possède des bords-côtes au bas des manches et sur le col.
Il a une petite poche zippée sur la manche, pour y glisser un stylo.

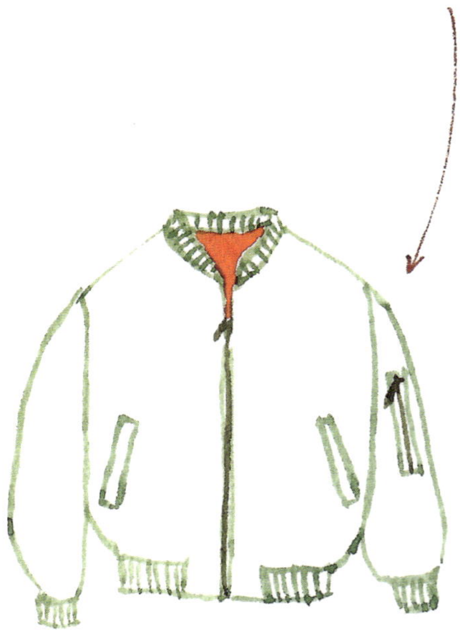

Les soldats revenus de la guerre du Vietnam garderont leur blouson militaire (souvenez-vous du bomber du héros de *Taxi Driver*), le rendant très populaire. Il sera d'ailleurs repris comme code identitaire par les skinheads, mais pas uniquement par eux, heureusement !

J'ai dessiné, pour ce modèle, le motif Feux d'artifice, en pensant aux fusées de détresse lancées par les G.I. en difficulté.

LE CHINO, LE BERMUDA ET LE SHORT

NIVEAU : difficile

Matériel

Chino
- 2 m 30 de tissu sur 1 m 40 de large

Bermuda
- 1 m 60 de tissu sur 1 m 40 de large

Short
- 1 m 30 de tissu sur 1 m 40 de large

Pour tous
- 115 cm sur 21 cm de thermocollant
- 1 zip de 20 cm
- 1 bouton, entre 15 mm et 20 mm de diamètre

Choix du tissu

Pour ces modèles, choisissez une toile de coton upcyclé qui se tient, comme une toile bien serrée ou un sergé de coton (tissage à fines diagonales). Pour le short et le bermuda, vous pouvez aussi choisir un tissu plus léger comme une toile de lin ou une popeline de coton upcyclé.

Alerte ! Attention, le pantalon, le short et le bermuda sont tracés sur le même patronnage mais n'ont pas les mêmes longueurs. Faites bien attention quand vous reportez le patronnage.

Pièces du patron

Patron femme tracé en orange / planche A (Ceinture en noir)
Patron homme tracé en orange / planche D (Ceinture en noir)
Le tissu est plié en deux.
Attention, les pièces Jambe devant et Jambe dos sont tracées en deux parties sur la planche.
Après avoir décalqué les deux morceaux, superposez les lignes avec des lettres pour reformer la pièce entière.

Sur les planches de patrons :

N° de pièce	Pièce	Coupe
3F ou 3H	Ceinture	2 × tissu, 2 × thermocollant
41F ou 41H	Sac de poche italienne	2 × tissu
42F ou 42H	Fond de poche italienne	2 × tissu
43F ou 43H	Jambe devant	2 × tissu, à couper en version longue pour le chino et en version courte pour le bermuda ou le short
44F ou 44H	Jambe dos	2 × tissu, à couper en version longue pour le chino et en version courte pour le bermuda ou le short

Pièces à tracer :

Pièce	Dimensions (largeur × hauteur)	Coupe
Patte de braguette droite (sous-patte)	10 × 20 cm	1 × tissu
Patte de braguette gauche (parementure)	5 × 20 cm	1 × tissu, 1 × thermocollant
Passants	2,5 × 40 cm	1 × tissu, à découper ensuite en 5 passants
Passepoil poche dos	15 × 3 cm	4 × tissu, 4 × thermocollant
Sac de poche dos	15 × 30 cm	2 × tissu

Plan de coupe chino

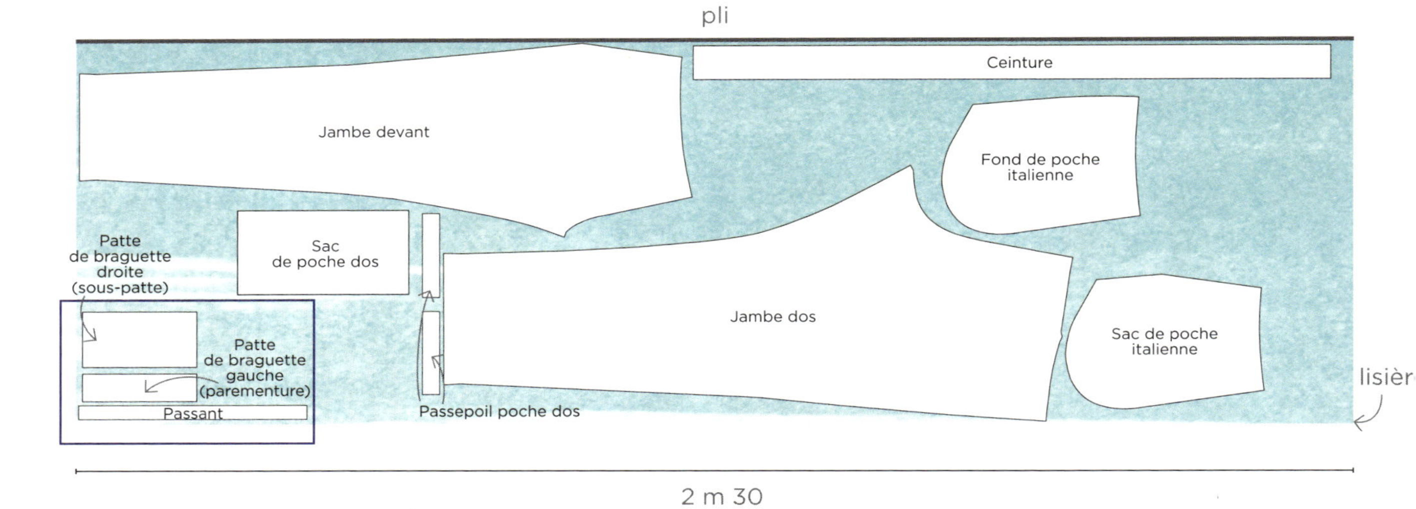

Plan de coupe short

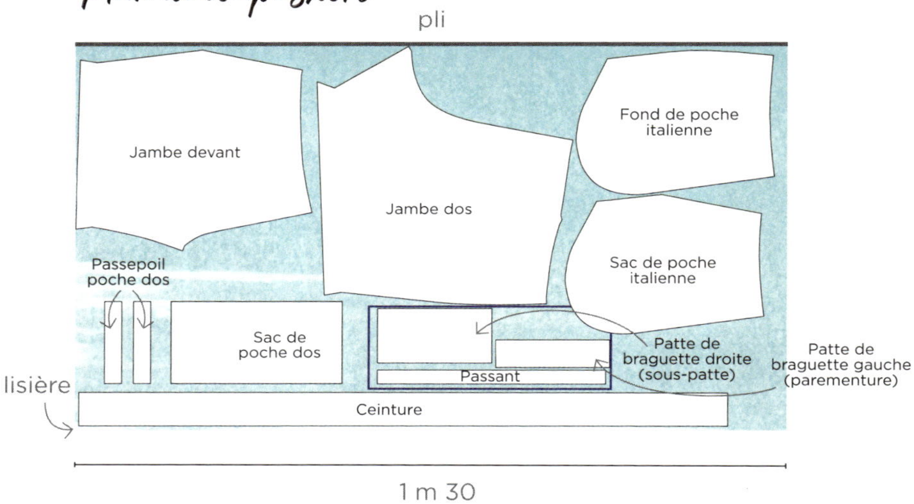

Plan de coupe bermuda

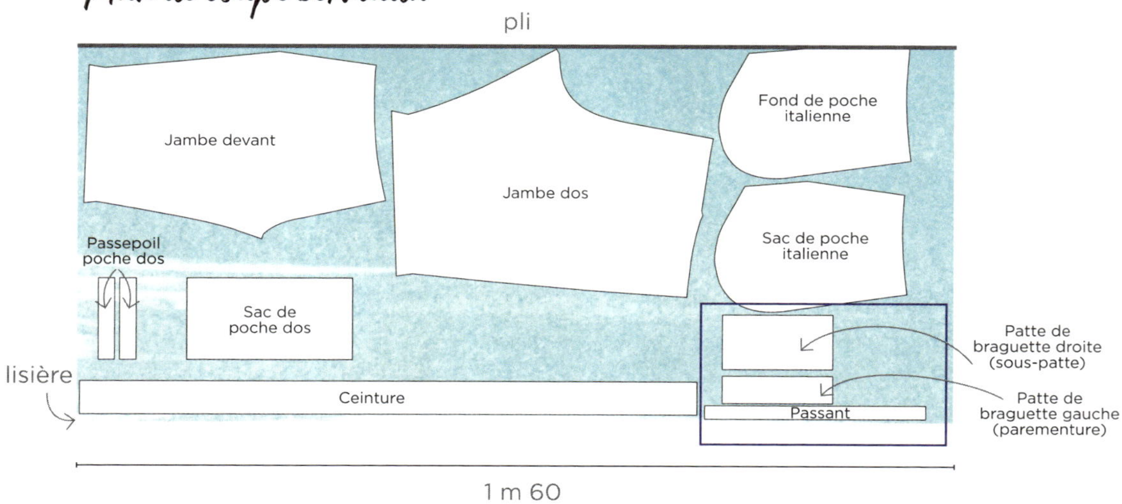

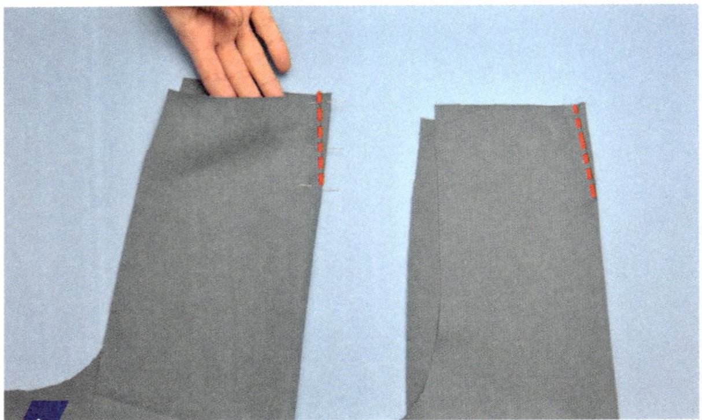

1 Cousez les pinces dos. Pour suivre le pas à pas, rendez-vous page 105 du cahier technique.

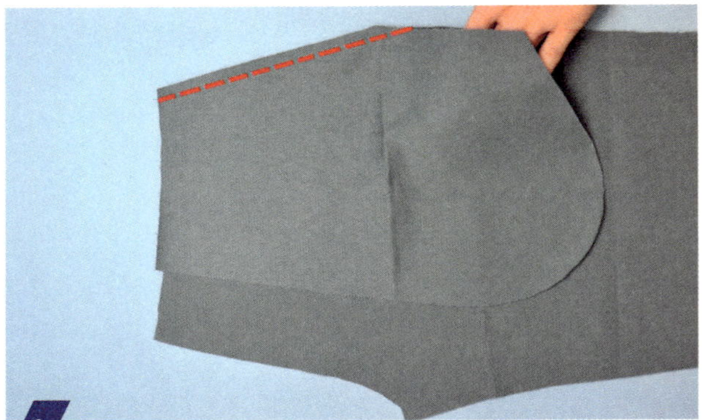

2 Épinglez endroit contre endroit le sac de poche contre la jambe devant puis piquez à 1 cm du bord (pointillés de la photo).

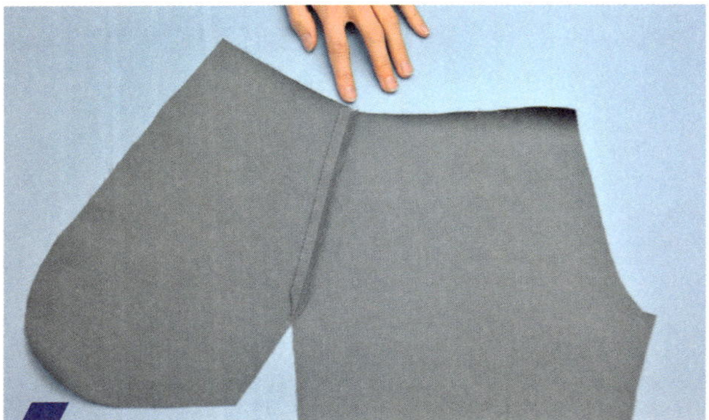

3 Ouvrez la couture au fer.

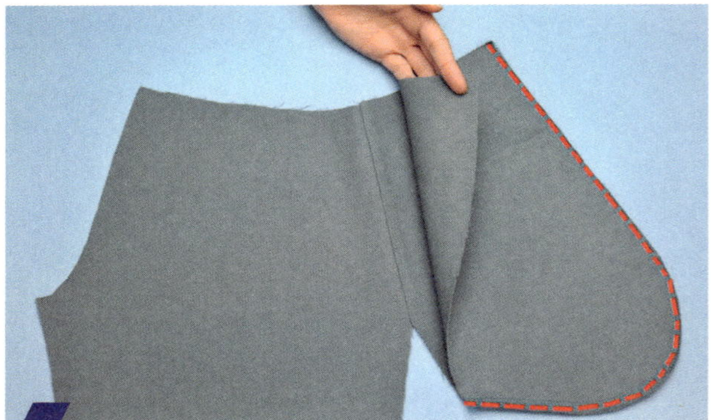

4 Épinglez endroit contre endroit le fond de poche et le sac de poche par le côté arrondi. Piquez à 1 cm du bord et surjetez (pointillés de la photo).

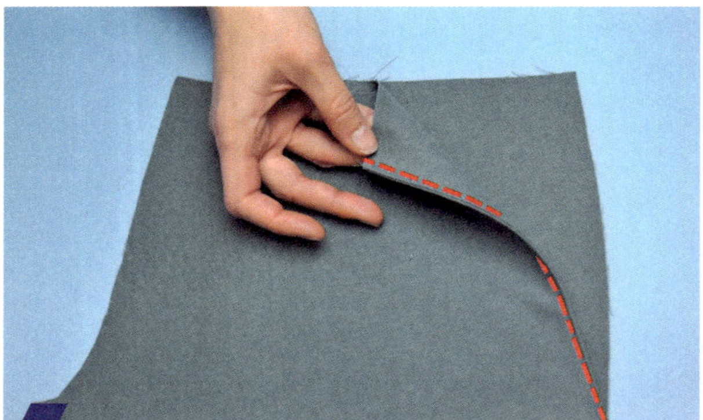

5 Faites une surpiqûre à 2 mm de l'ouverture de la poche, en prenant la jambe devant et le fond de poche.

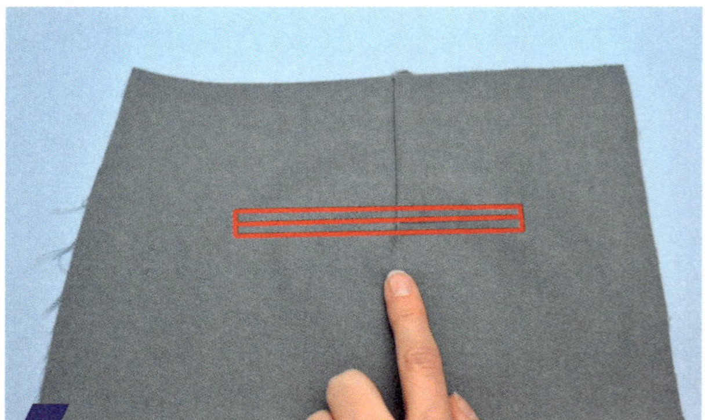

6 Réalisez les poches passepoilées sur les jambes dos. Pour suivre le pas à pas, rendez-vous page 116 du cahier technique.

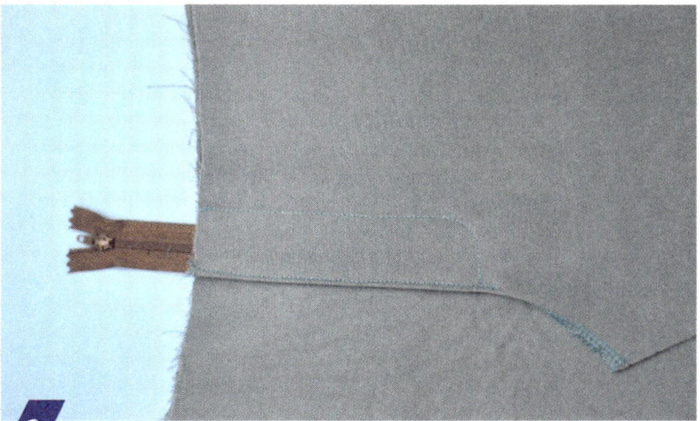

7 Cousez ensuite la braguette, en vous aidant du cahier technique, page 118.

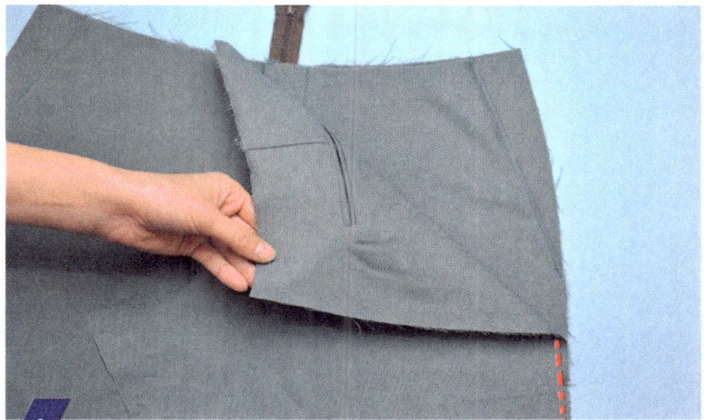

8 Épinglez, endroit contre endroit, les côtés extérieurs des jambes dos avec les jambes devant (pointillés), en positionnant bien la poche devant pour qu'elle soit prise dans la couture. Il y a des crans pour vous repérer aux genoux. Piquez à 1 cm puis surjetez.

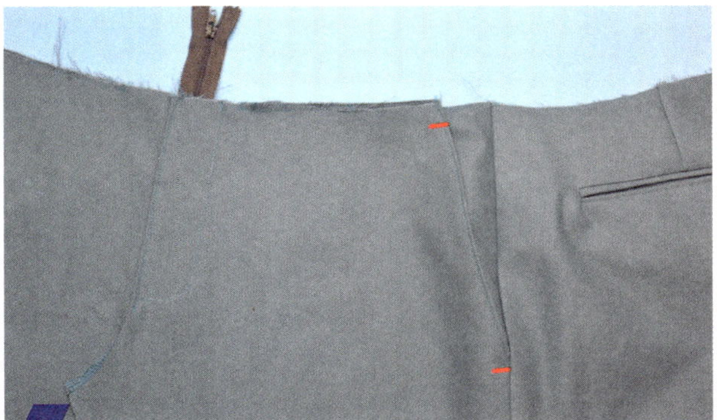

9 Repassez la couture en couchant le couturage vers le dos. Surpiquez ensuite les renforts de poche (pointillés) en utilisant le point de boutonnière bien serré. Le renfort du haut est à 2 cm du bord.

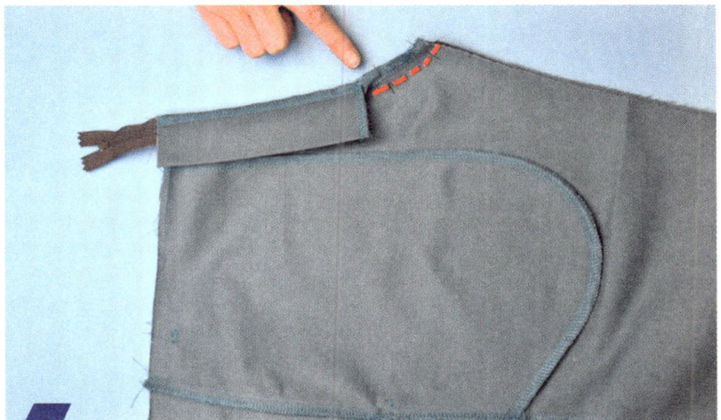

10 Épinglez les deux fourches devant du pantalon, en dessous de la braguette. Il y a un décalage de 5 mm à 1 cm, comme sur la photo, et c'est normal ! Piquez à 1 cm du bord (comme les pointillés).

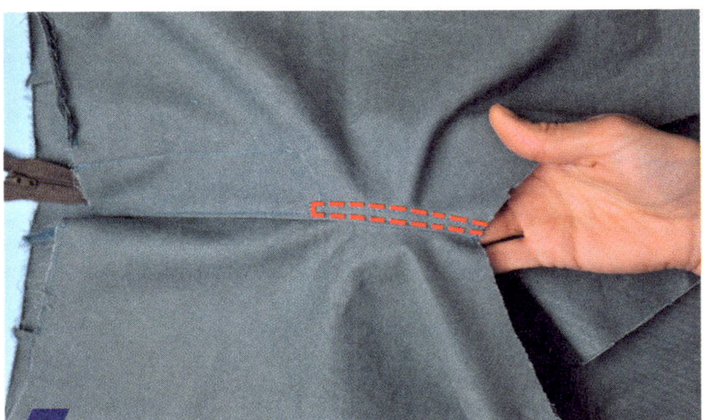

11 Surpiquez jusqu'à la braguette en prenant le couturage (comme les pointillés).

12 Épinglez ensuite ensemble les deux fourches du dos, endroit contre endroit. Piquez à 1 cm puis surjetez (comme les pointillés).

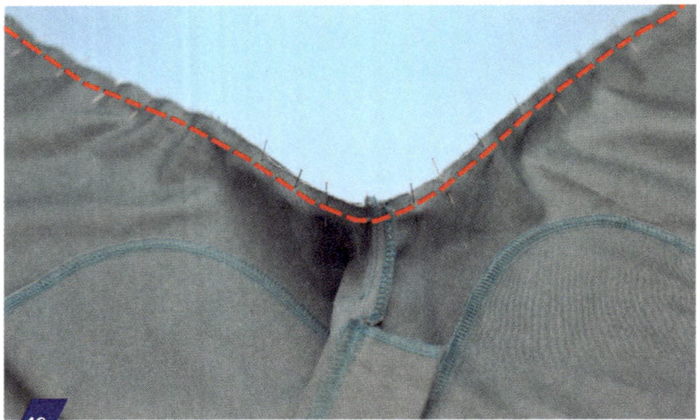

13 Épinglez les côtés intérieurs des jambes dos avec les jambes devant (pointillés). Superposez bien les coutures de fourche l'une sur l'autre, il y a des crans pour vous repérer aux genoux.

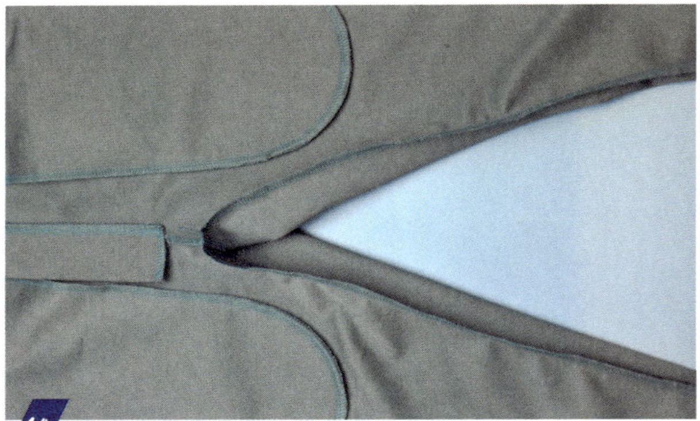

14 Piquez à 1 cm et surjetez. Repassez en couchant le couturage vers le dos.

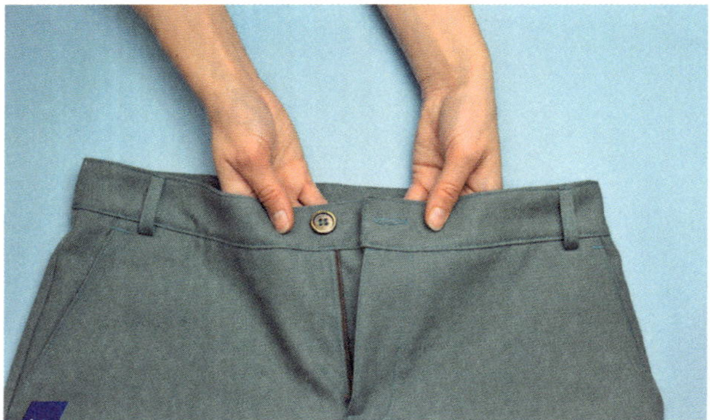

15 Cousez la ceinture en vous aidant du cahier technique, page 120.

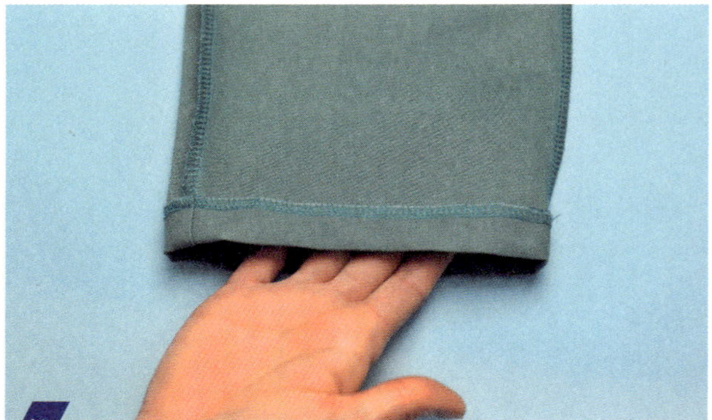

16 Enfin, cousez les ourlets de bas de jambes. Pour suivre le pas à pas, rendez-vous page 104 du cahier technique.

LE BOMBER RÉVERSIBLE

NIVEAU : difficile

Choix du tissu

Pour ce modèle, choisissez deux tissus de la même épaisseur et fluidité, un pour chaque face. Par exemple, vous pouvez associer un uni et un imprimé, ou deux unis dans des matières et textures différentes !
Une toile légère de coton upcyclé, comme une popeline ou un voile, sera parfaite. Vous pouvez aussi choisir un voile de lin, ou de la viscose écologique fluide (viscose EcoVero ou Tencel Lenzing).

Matériel

- 1 m 60 de tissu A sur 1 m 40 de large
- 1 m 40 de tissu B sur 1 m 40 de large
- 60 cm sur 60 cm de thermocollant fin
- 1 fermeture à glissière séparable de 55 cm

Pièces du patron

Patron femme tracé en rouge / Planche A (Manche en noir / planche C)
Patron homme tracé en vert / planche D (Manche en noir)
Le tissu est plié en deux.

Sur les planches de patrons :

N° de pièce	Pièce	Coupe
13F ou 13H	Manche	2 × tissu A, 2 × tissu B
45F ou 45H	Bracelet de manche	2 × tissu B au pli, 2 × thermocollant au pli
46F ou 46H	Devant	2 × tissu A, 2 × tissu B
47F ou 47H	Dos	1 × tissu A au pli, 1 × tissu B au pli
48F ou 48H	Patte de bas devant	2 × tissu B au pli, 2 × thermocollant au pli
49F ou 49H	Patte de bas dos	1 × tissu B au pli, 1 × thermocollant au pli
50F ou 50H	Col	2 × tissu B au pli, 2 × thermocollant au pli

Pièces à tracer :

Pièce	Dimensions (largeur × hauteur)	Coupe
Passepoil de poche	17 × 6 cm	2 × tissu B, 2 × thermocollant
Petit sac de poche passepoilée	17 × 16 cm	2 × tissu
Grand sac de poche passepoilée	17 × 18 cm	2 × tissu

Plan de coupe

TISSU B

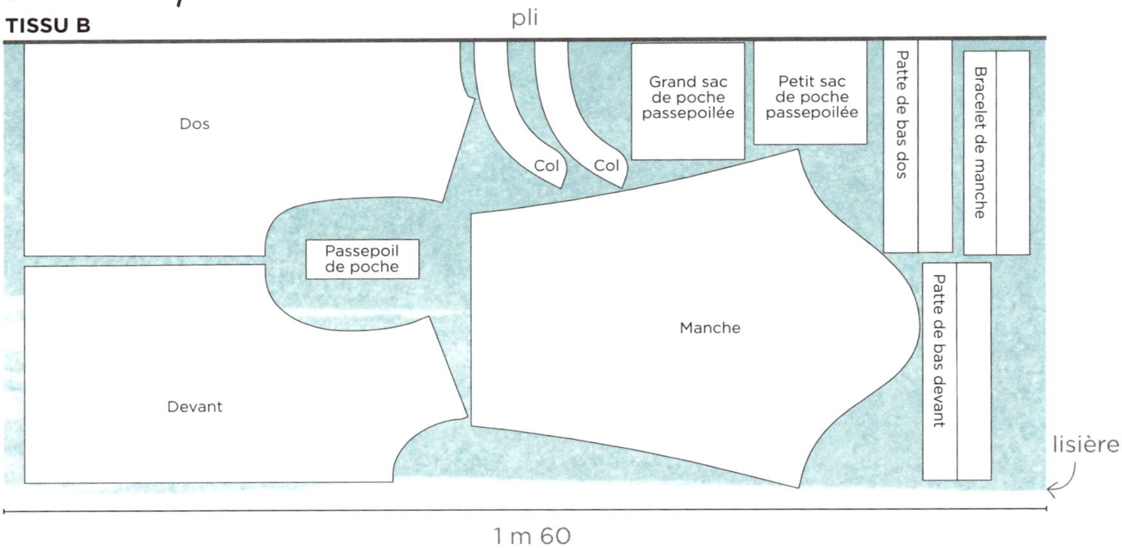

TISSU A

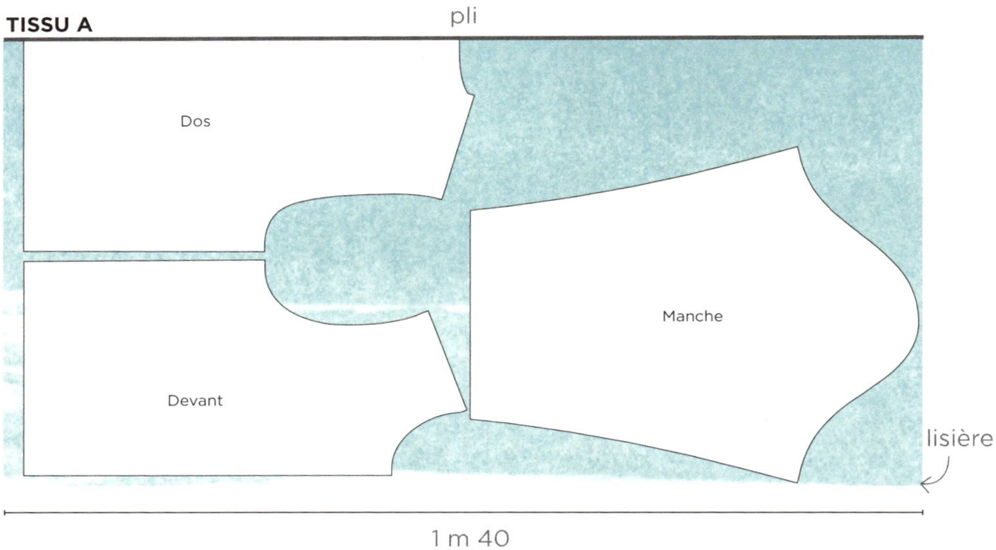

1 Commencez par coudre les poches passepoilées simples sur les deux devants du tissu A. Pour suivre le pas à pas, rendez-vous page 114 du cahier technique.

2 Assemblez le dos et les deux devant du tissu A, en épinglant ensemble les coutures épaules et côtés, endroit contre endroit. Piquez à 1 cm. Ouvrez les coutures au fer. Renouvelez l'opération avec le dos et les devants du tissu B.

3 Assemblez les manches du tissu A, en les pliant en deux, endroit contre endroit et épinglez. Puis piquez à 1 cm (pointillés). Ouvrez les coutures au fer. Renouvelez l'opération avec les manches du tissu B.

4 Thermocollez les bracelets de manche (j'ai utilisé le tissu B pour un effet contrastant). Pliez-les en deux dans le sens de la largeur, endroit contre endroit, puis piquez (pointillés). Ouvrez la couture au fer puis repliez la patte sur l'endroit et pliez-la en deux dans le sens de la longueur.

5 Épinglez le bracelet de manche sur la manche du tissu A, endroit contre endroit : la patte est plus étroite que le bas de la manche, pour resserrer un peu la manche, vous allez donc obtenir de très légères fronces. Piquez à 1 cm du bord (pointillés). Repassez la couture en couchant les couturages vers le haut (à droite sur la photo). On voit sur la photo que la couture de la manche coïncide avec la couture du bracelet de manche.

6 Assemblez les manches en tissu A au corps en tissu A. Faites de même pour le tissu B.
Pour suivre le pas à pas, rendez-vous page 113 du cahier technique.

7 Thermocollez les pattes de bas de corps dos et devant, et épinglez-les endroit contre endroit par leurs petits côtés : une patte devant de chaque côté de la patte dos. Piquez à 1 cm du bord (pointillés). J'ai coupé la bande dans le tissu B pour un effet contrastant, à vous de choisir ce que vous préférez.

8 Ouvrez les coutures au fer puis pliez la bande dans le sens de la longueur.

9 Épinglez une épaisseur de la bande en bas du corps en tissu A, endroit contre endroit, et piquez à 1 cm du bord (pointillés), sur tout le tour. Repassez la couture en couchant les couturages vers le haut du corps.

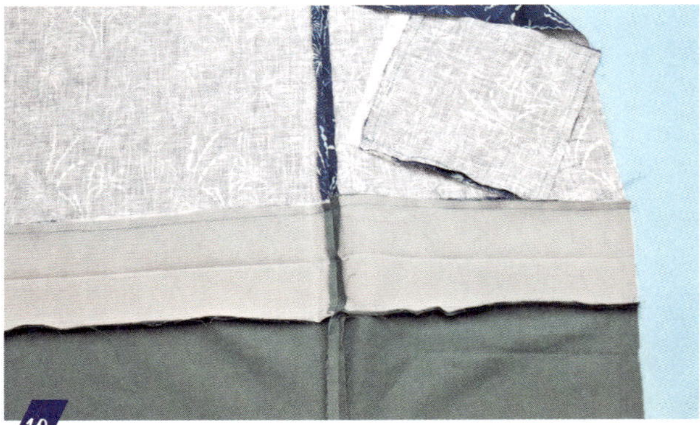

10 Épinglez l'autre moitié de la bande en bas du corps en tissu B, endroit contre endroit, et piquez à 1 cm du bord, sur tout le tour. Repassez la couture en couchant les couturages vers le haut du corps.

11 Vous obtenez donc ceci sur l'endroit !

12 Épinglez ensuite le zip sur le tissu A, endroit contre endroit, en positionnant le bord du ruban contre l'ouverture du col. Il dépasse sur la bande du bas de corps. Piquez à 4 mm des mailles du zip (pointillés).

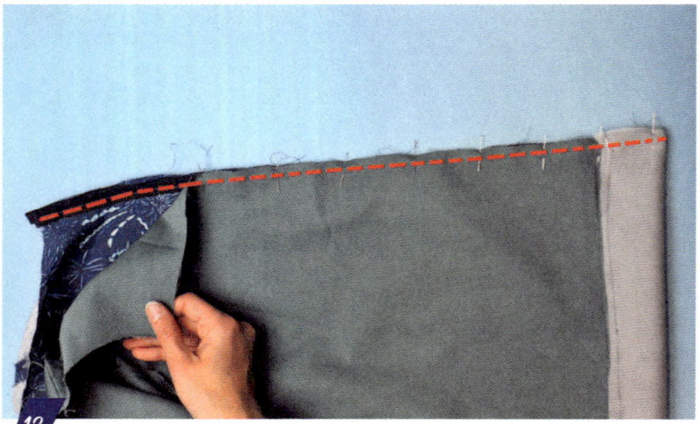

13 Repliez ensuite le corps en tissu B pour prendre en sandwich le zip entre les devants. Épinglez puis piquez sur la première couture (cousez en plaçant l'envers du tissu A face à vous, pour voir la première couture).

14 Le zip est ainsi pris en sandwich entre les devants du tissu A et B.

15 Retournez le bomber sur l'endroit et repassez soigneusement. Surpiquez les devants A et B ensemble, à 2 mm de la couture du zip (pointillés).

16 Retournez le bomber sur l'envers pour faire une piqûre de maintien de la bande du bas de corps au niveau du dos (afin qu'elle ne s'ouvre pas) : repliez-la envers contre envers au niveau du dos, et épinglez les couturages ensemble, pris en sandwich entre les dos en tissu A et en tissu B (pointillés).

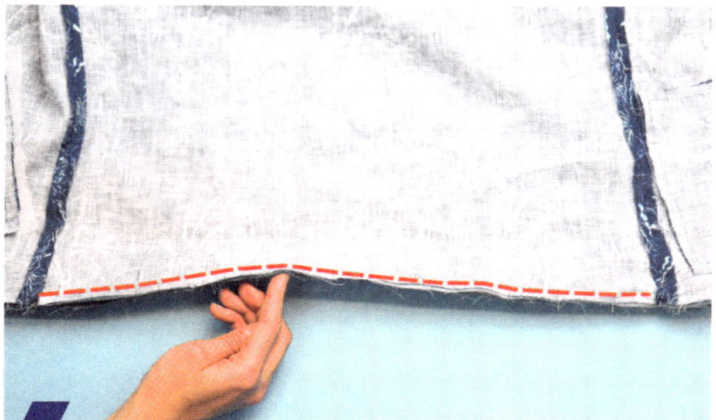

17 Piquez ensemble les couturages de la bande et des dos du corps à 5 mm du bord, uniquement au niveau du dos.

18 Toujours sur l'envers du bomber, positionnez face à face le corps en tissu A, et le corps en tissu B. Placez la manche gauche en tissu A face à la manche gauche en tissu B. Le bracelet de manche est rentré à l'intérieur de la manche en tissu A. Faites de même pour les manches droites.

19 Repliez de 5 cm vers l'endroit la manche en tissu B.

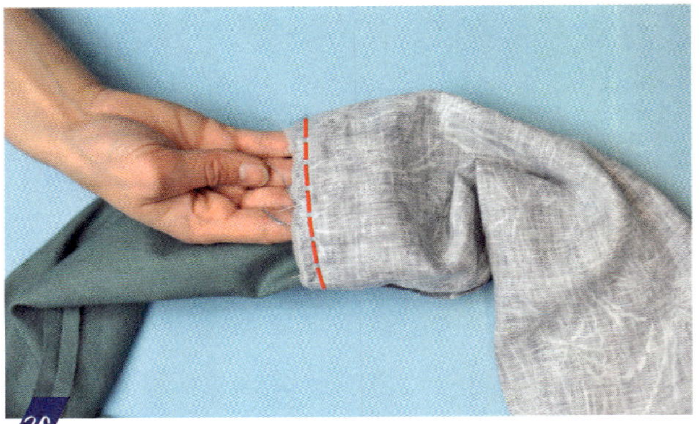

20 Glissez la manche en tissu B (toujours repliée comme à l'étape précédente) dans la manche en tissu A. Épinglez ensemble, il est important de faire coïncider ensemble les coutures côtés des manches. Piquez à 1 cm du bord (pointillés), en repiquant précisant sur la couture d'assemblage de la manche en tissu et du bracelet de manche. Cette piqûre assemble donc la manche en tissu B, le bracelet de manche déjà piqué à la manche en tissu A, et la manche en tissu A.

21 Retournez de nouveau tout le bomber sur l'endroit, et sortez bien les bandes de bas de manches. Repassez soigneusement la couture.

22 Cousez ensuite le col en prenant ensemble le tissu A et le tissu B. Pour suivre le pas à pas, rendez-vous page 110 du cahier technique.

CAHIER TECHNIQUE

Coudre UN OURLET

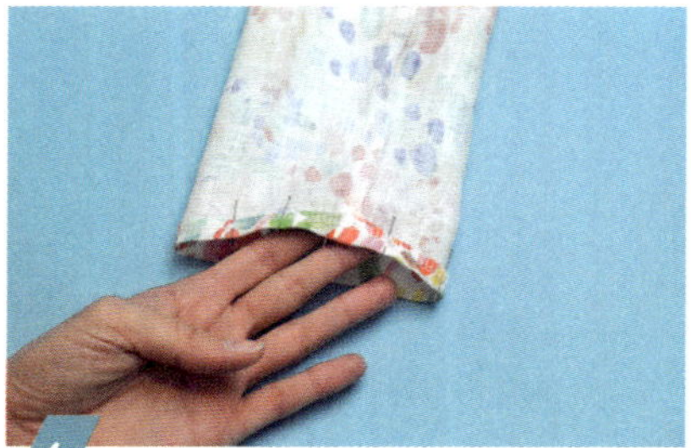

1 La première méthode consiste à surjeter le bord, puis replier de 2 cm au fer à repasser vers l'envers. Épinglez, puis surpiquez à 1,7 cm. Si vous cousez du jersey, je vous conseille cette méthode.

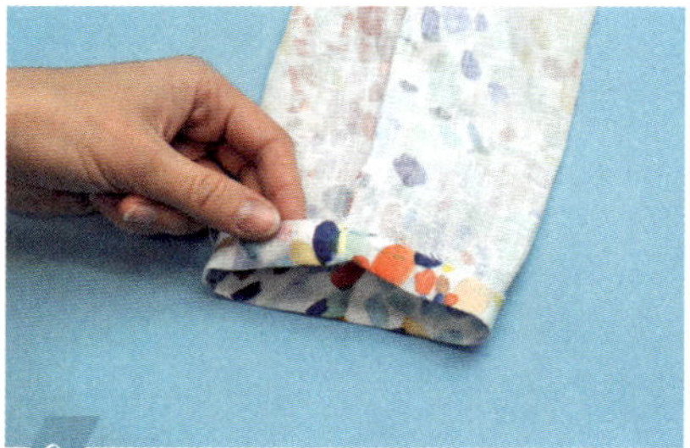

2 Pour la deuxième méthode, repliez de 2 cm au fer à repasser vers l'envers.

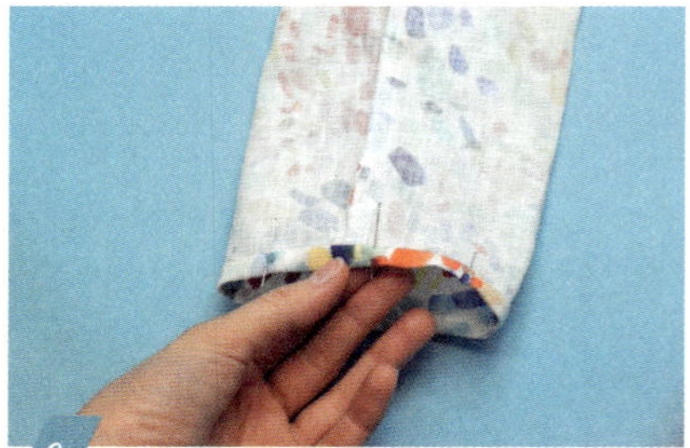

3 Repliez à la main de 1 cm le bord franc du tissu vers le pli marqué au fer, puis épinglez.

4 Surpiquez à 8 mm du bord (pointillé bleu).

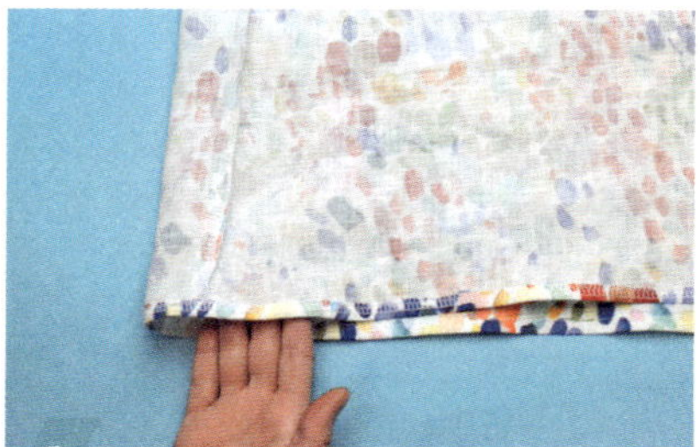

5 Vous pouvez utiliser les mêmes méthodes pour les bas de manches et les bas de corps.

Coudre UNE PINCE

1 Commencez par reporter son emplacement en vous aidant des repères sur le patron. Tracez à la craie ou au stylo magique les lignes de la pince sur l'envers. Tracez également la ligne de milieu de pince, à égale distance des deux lignes.

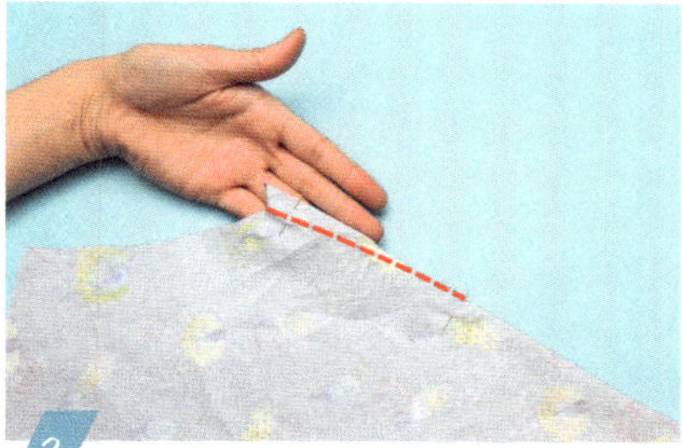

2 Pliez la pince sur la ligne centrale, de la pointe au bord. Épinglez, les lignes des côtés de la pince doivent se superposer. Piquez en suivant la ligne côté. Vous pouvez faire un point retour au début de la pince pour sécuriser la couture. Plus vous vous approchez de la pointe de la pince, plus il faut vous approcher du bord pour que l'angle soit le plus doux possible. On appelle cela « faire mourir la pince ». Ne faites pas de point arrière pour finir la pince : faites un nœud double délicat à la main, le plus près possible du tissu.

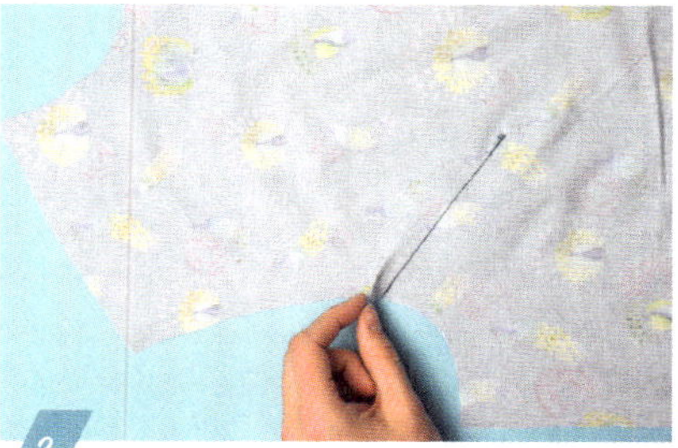

3 Repassez soigneusement pour aplatir complètement la pointe de la pince. Si vous avez bien fait mourir la pince, il n'y aura aucun bec. En repassant, couchez la pince vers le haut du corps pour une pince poitrine, vers le milieu du corps pour une pince de taille.

Coudre
UNE PATTE POLO

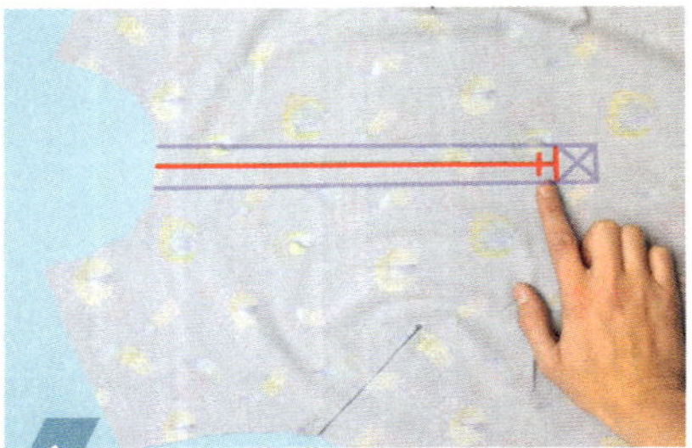

1 Sur l'envers, tracez à la craie ou au stylo magique la fente de la patte polo. Pour cela, aidez-vous du tracé de la patte polo (en bleu transparent sur la photo) sur le patronnage : la fente passe au milieu du grand rectangle et s'arrête au carré en bas. Puis tracez deux repères, le premier sur le côté du carré, l'autre à 1,5 cm du premier sur la ligne de fente.

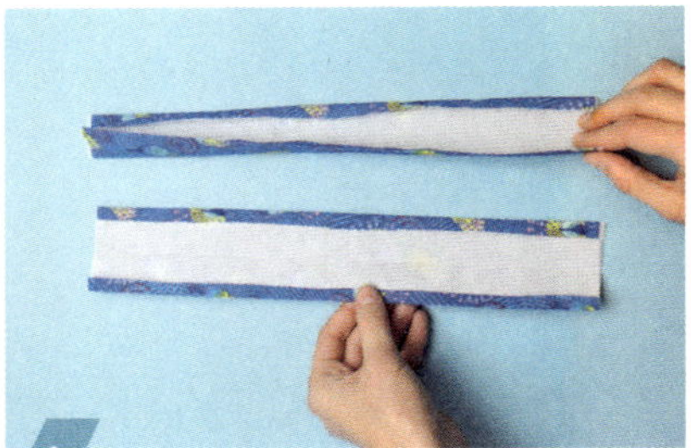

2 Thermocollez les deux pattes. À l'aide du fer, pliez les pattes en deux, envers contre envers, dans la longueur, puis faites un repli de 1 cm sur l'envers sur les longs côtés, comme sur la photo.

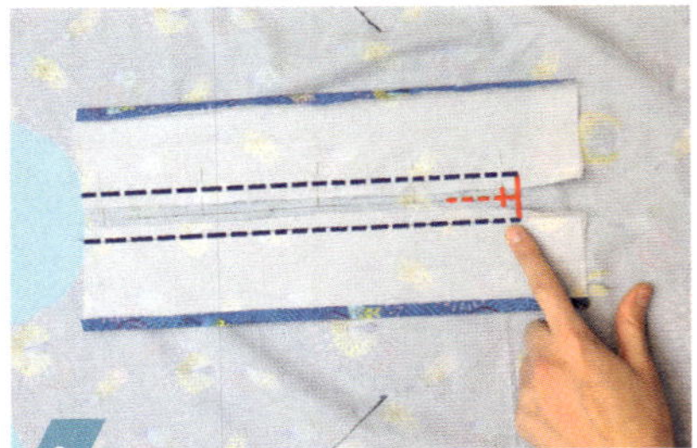

3 Épinglez les pattes polo de part et d'autre du repère de fente, à 5 mm du trait. Piquez à 1 cm du bord de chaque patte (pointillés bleus), en arrêtant la couture pile au repère bas (en rouge).

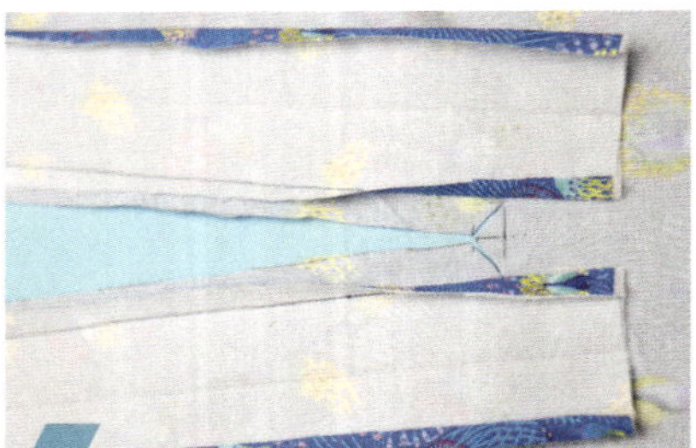

4 Découpez la fente, en vous arrêtant au premier repère, puis coupez en triangle jusqu'aux coutures des pattes, en allant le plus près possible de la couture avec précision.

5 Repliez vers l'endroit les pattes au fer comme sur la photo. Repliez aussi au fer le triangle vers l'intérieur (ce que je montre à droite dans la photo).

6 Surpiquez le bord plié d'une patte à 2 mm pour la maintenir (pointillés rouges), sans prendre le triangle dans la couture.

7 Faites la même chose pour l'autre patte : surpiquez à 2 mm (pointillés rouges) sans prendre le triangle dans la couture.

8 Placez une patte en dessous du triangle replié, et l'autre au-dessus. Pour un modèle féminin, placez la patte gauche en dessous (c'est le sens féminin que je montre dans ce pas à pas). Pour un modèle masculin, placez la patte droite en dessous.

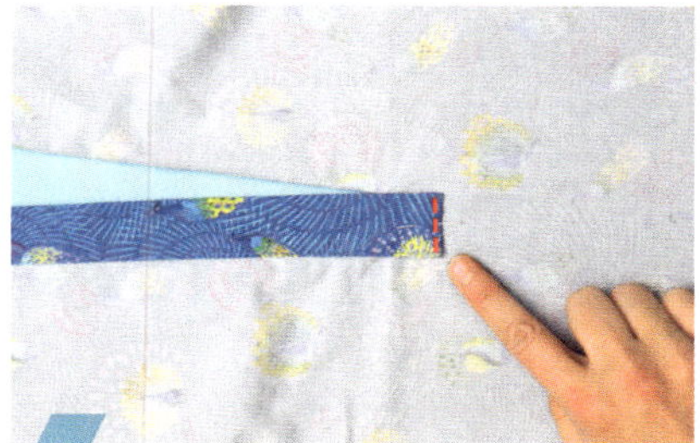

9 Sur l'envers, repliez de 1 cm la patte du dessous vers l'intérieur et surpiquez à 3 mm du bord (comme les pointillés).

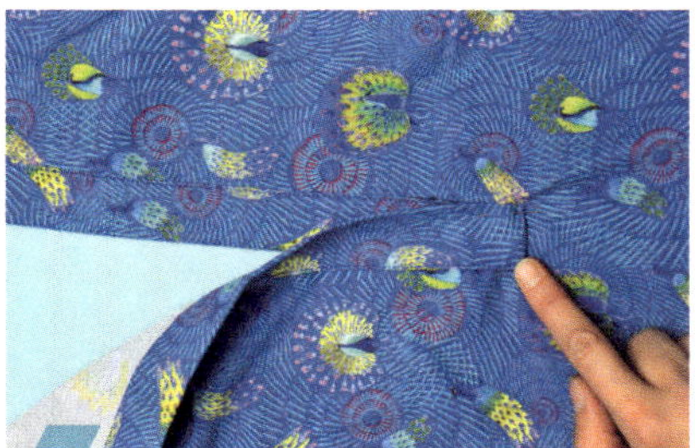

10 Sur l'endroit, faites la même chose avec la patte du dessus : repliez de 1 cm vers l'intérieur et surpiquez à 3 mm du bord (comme les pointillés).

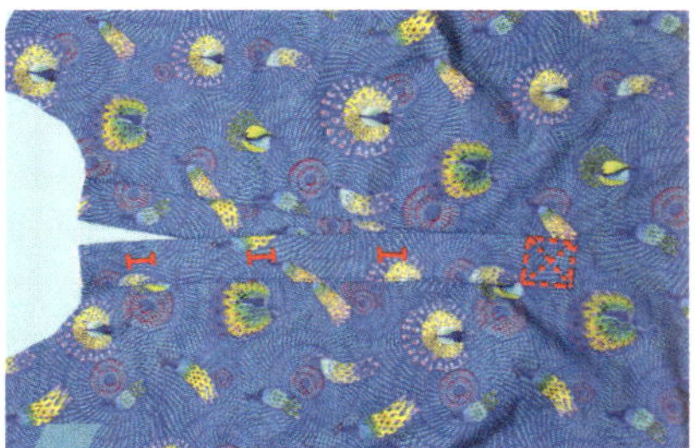

11 Surpiquez un carré et une croix pour maintenir le tout ensemble (pointillés). Profitez-en pour coudre les boutonnières en vous aidant des repères du patronnage : c'est plus pratique à coudre quand le col n'est pas encore posé ! Pour les boutons, attendez au contraire que le col soit cousu : il est plus facile de coudre le col avant que les boutons de la patte soient cousus.

Coudre UNE FENTE INDÉCHIRABLE

1 Préparez la patte en la pliant en deux dans le sens de la longueur au fer, envers contre envers. Puis repliez encore une fois vers l'intérieur 1 cm de couturage de chaque côté, comme sur la photo. Tracez la fente à la craie ou au stylo magique sur l'envers de la manche en vous aidant du repère du patronnage. Coupez la fente aux ciseaux.

2 Épinglez la patte endroit sur l'envers de la manche, en ouvrant la fente pour placer droit la patte. Piquez à 1 cm en suivant les pointillés, en essayant de faire le moins de plis possible sur la manche au milieu de la fente.

3 Repliez la couture au fer vers l'endroit de la manche.

4 Rabattez la patte pour masquer la couture, épinglez, puis surpiquez à 2 mm comme les pointillés.

5 Sur l'envers de la manche, pliez la patte en deux et surpiquez un petit triangle (comme les pointillés) pour maintenir la fente en place.

6 Couchez les fentes indéchirables symétriquement vers le devant de la manche, en pliant sur l'envers la partie de la fente la plus proche du devant.

Coudre UN POIGNET

1 Marquez à la craie ou au stylo magique l'emplacement du ou des éventuels plis sur l'envers de la manche, en vous référant au patronnage. Épinglez ces plis.

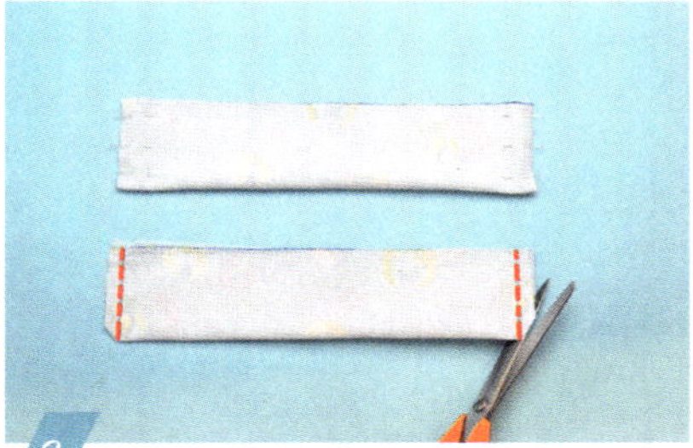

2 Préparez les poignets en les thermocollant puis pliez-les en deux, endroit contre endroit, dans le sens de la longueur. Épinglez les petits côtés puis piquez à 1 cm du bord (pointillés rouges). Dégarnissez ensuite les angles internes (sur la photo : les deux angles du bas).

3 Retournez les poignets sur l'endroit : sortez bien les angles en vous aidant de la pointe d'un ciseau ou d'un pinceau, pour qu'ils soient bien nets. Repassez soigneusement, et repliez vers l'intérieur 1 cm au fer seulement sur un côté.

4 Épinglez le bord non replié du poignet sur l'envers de la manche, en calant bien les bords du poignet sur les bords de la fente indéchirable. N'oubliez pas qu'une partie de la fente (du côté du devant) est repliée vers l'envers. Piquez à 1 cm en ne cousant que la manche et la moitié du poignet.

5 Arrêtez cette piqûre exactement aux bords du poignet (pointillés).

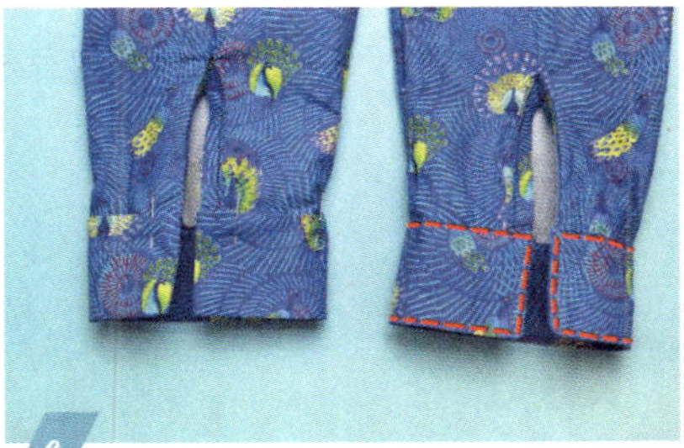

6 Retournez le poignet vers l'endroit, et rabattez le couturage replié sur la couture précédente pour la masquer. Épinglez puis surpiquez à 2 mm en faisant tout le tour du poignet (pointillés). Je vous conseille de débuter cette surpiqûre au milieu du poignet et pas dans un angle (c'est plus facile pour démarrer la couture).

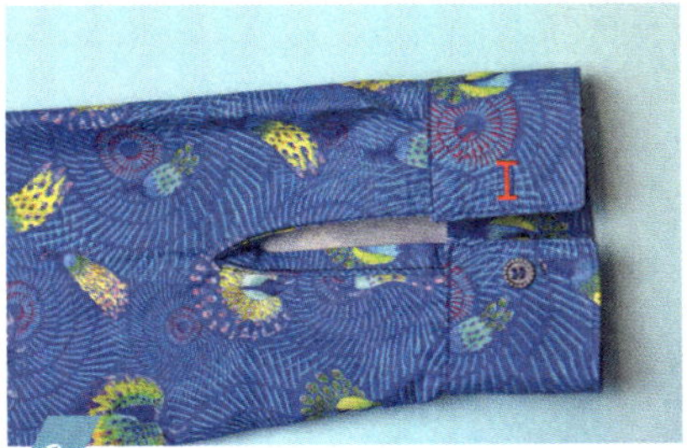

7 Cousez la boutonnière et le bouton de chaque côté en vous aidant des repères du patronnage.

Poser
UN COL NEHRU

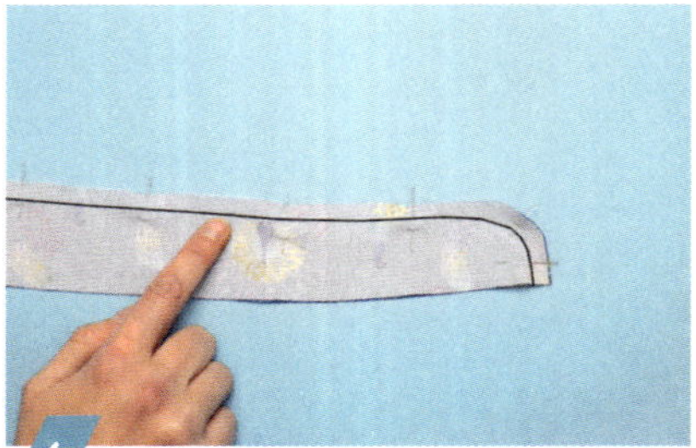

1 Thermocollez une des deux parties du col pour plus de tenue. Épinglez ensemble les deux parties, endroit contre endroit. Tracez à la craie ou au stylo magique la piqûre à 1 cm : il est difficile de faire deux belles courbes identiques à la machine sans avoir de repères.

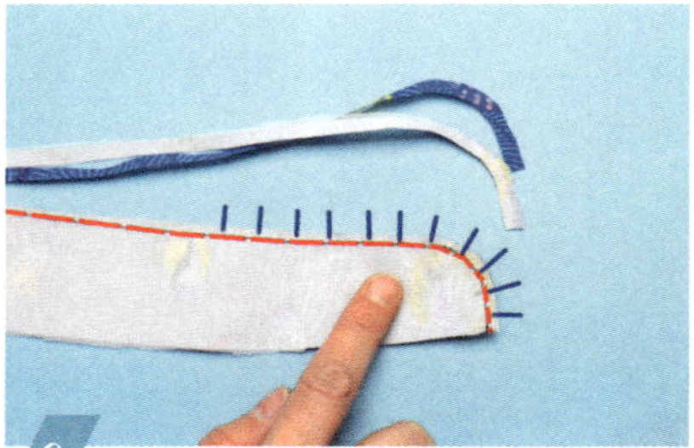

2 Piquez en suivant le tracé (pointillés), en allant bien jusqu'au bout et en faisant des points arrière pour sécuriser la couture. Dégarnissez à 5 mm le couturage et crantez-le tous les 5 mm (traits bleus).

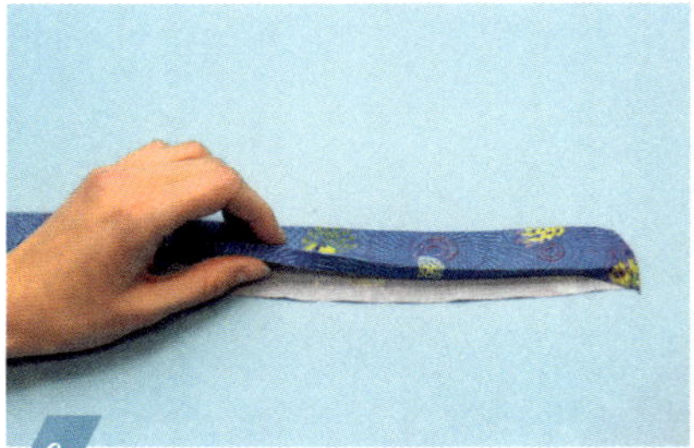

3 Retournez le col sur l'endroit et repassez soigneusement en aplatissant joliment les courbes. Sur la partie thermocollée, repliez au fer 1 cm de couturage vers l'intérieur.

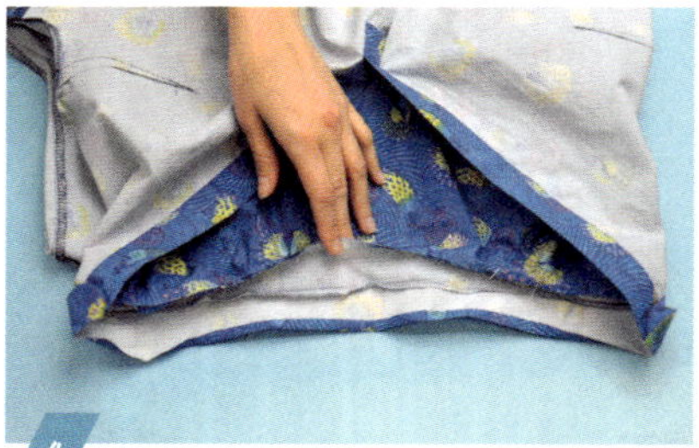

4 Épinglez la moitié non thermocollée du col sur le corps, endroit du col contre envers du corps. Vous avez les crans des coutures épaule pour vous aider à le placer.

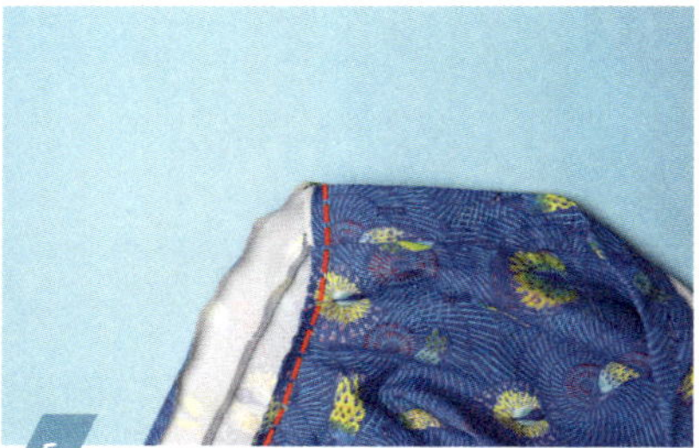

5 Piquez à 1 cm en allant bien jusqu'au bord du col et de la patte de boutonnage (pointillés). Retournez vers l'endroit et repassez bien la couture en couchant le couturage vers le haut.

6 Repliez vers l'intérieur le couturage que vous aviez préalablement repassé à l'étape 3. Épinglez puis surpiquez à 2 mm (pointillés). Faites le tour du col en surpiquant, en démarrant cette surpiqûre au milieu du col et pas dans un angle (c'est plus facile pour démarrer la couture).

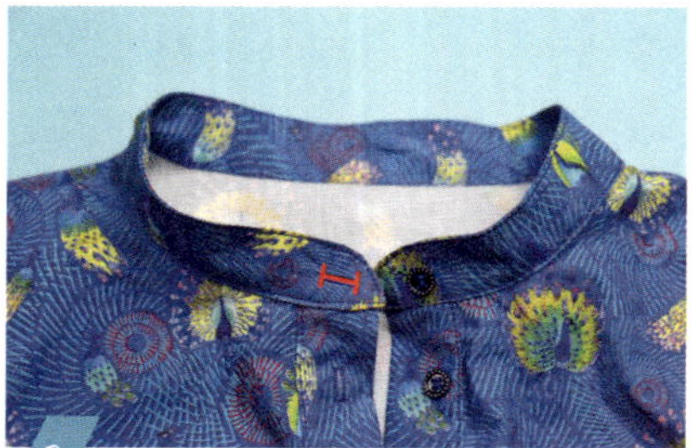

7 Cousez ensuite le bouton et la boutonnière du col.

Coudre UN COL DE CHEMISETTE

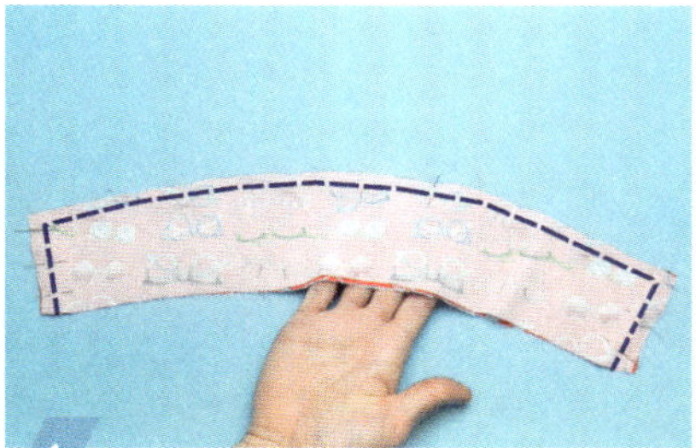

1 Thermocollez une des deux parties du col pour plus de tenue. Épinglez ensemble les deux parties, endroit contre endroit, en suivant les pointillés de la photo.

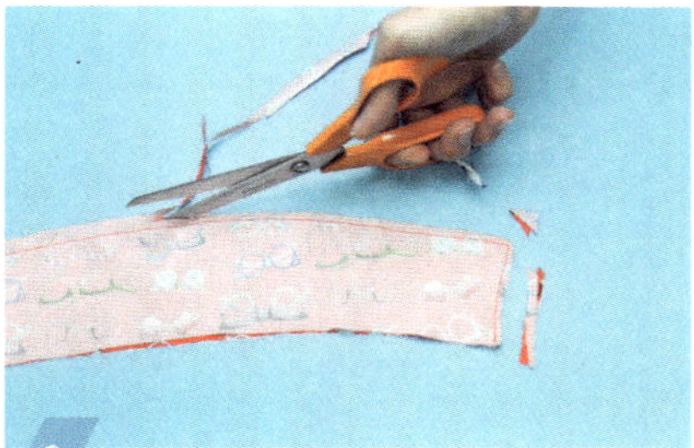

2 Piquez à 1 cm, en allant bien jusqu'au bout et en faisant des points arrière pour sécuriser la couture. Dégarnissez à 5 mm le couturage.

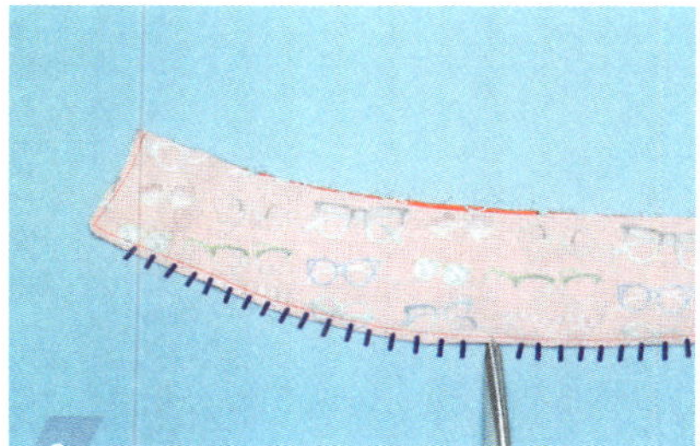

3 Crantez soigneusement le couturage quand il est courbe, tous les 5 mm (pointillés).

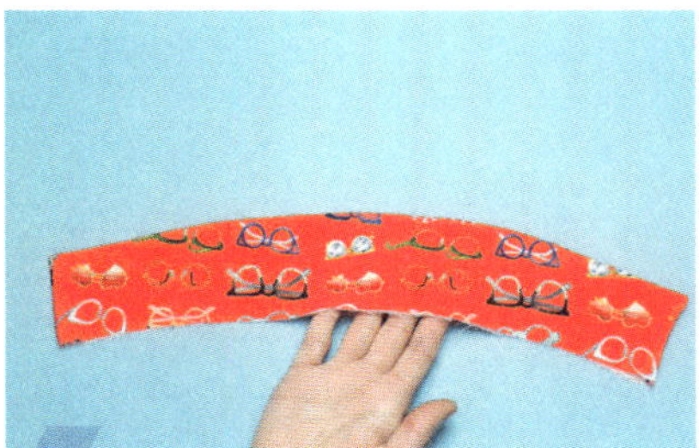

4 Retournez le col vers l'endroit et repassez soigneusement : sortez bien les angles en vous aidant d'une pointe de ciseau ou de pinceau.

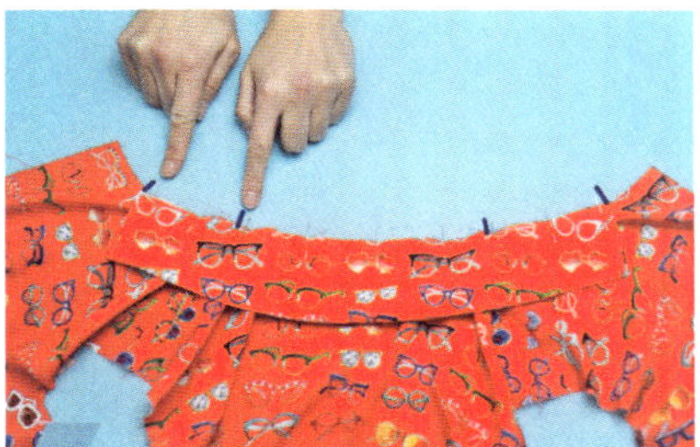

5 Épinglez le col au corps, endroit contre endroit (la partie non thermocollée du col se trouve contre le corps) en vous aidant des crans : le cran de fin de col (que je montre à gauche) et le cran de la couture épaule (que je montre à droite) seront très utiles.

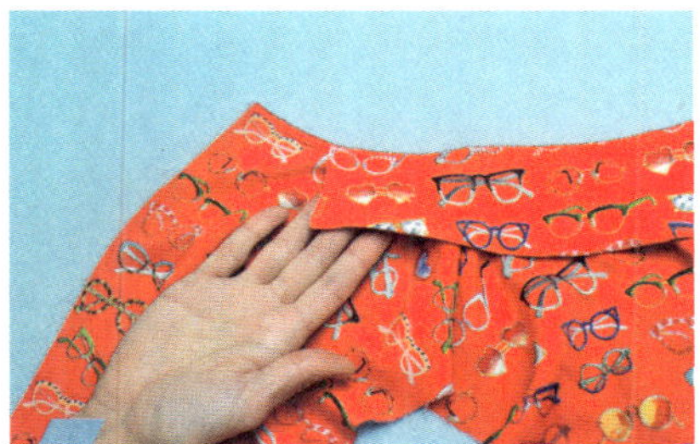

6 Piquez à 1 cm puis surjetez (en suivant les pointillés).

Coudre UN COL DE VESTE

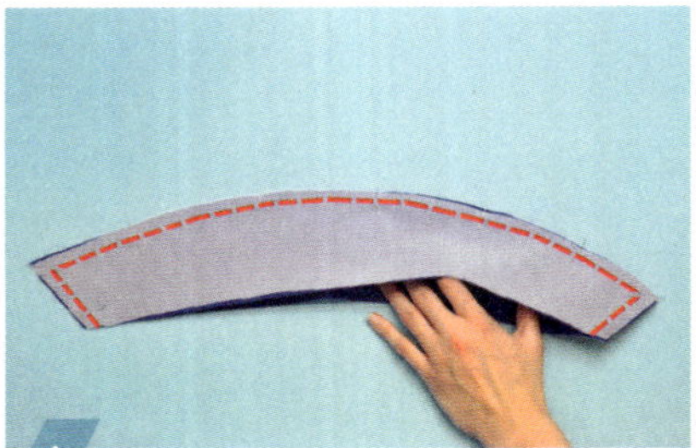

1 Thermocollez une des deux parties du col pour plus de tenue. Épinglez ensemble les deux parties, endroit contre endroit, puis piquez à 1 cm en suivant les pointillés, en allant bien jusqu'au bout et en faisant des points arrière pour sécuriser la couture au début et à la fin.

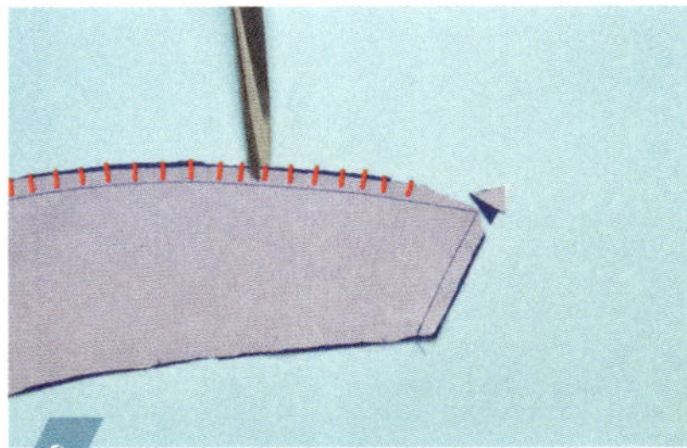

2 Dégarnissez les angles et crantez soigneusement le couturage courbe, tous les 5 mm (traits rouges).

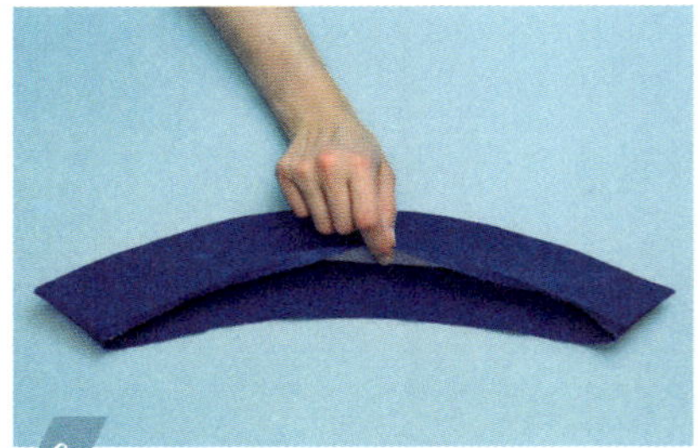

3 Retournez le col sur l'endroit et repassez soigneusement : sortez bien les angles en vous aidant de la pointe d'un ciseau ou du manche d'un pinceau. Sur la moitié thermocollée, repliez au fer le bord bas de 1 cm sur l'envers.

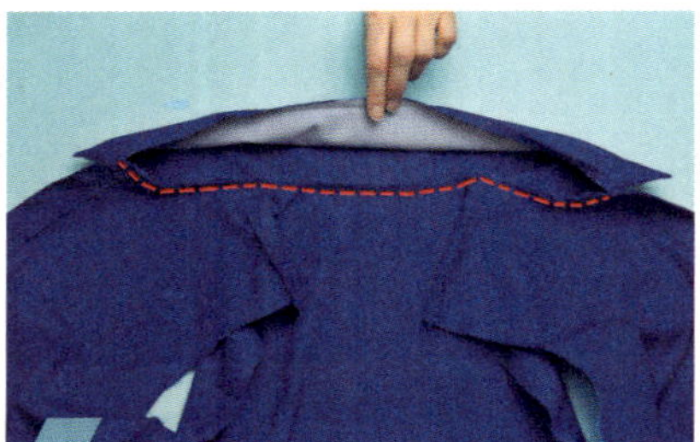

4 Épinglez la moitié non thermocollée du col sur le corps de la veste, endroit du col contre envers de la veste. Vous avez les crans des coutures épaule pour vous aider à le placer. Piquez à 1 cm en allant bien jusqu'au bord du col et de la patte de boutonnage (pointillés).

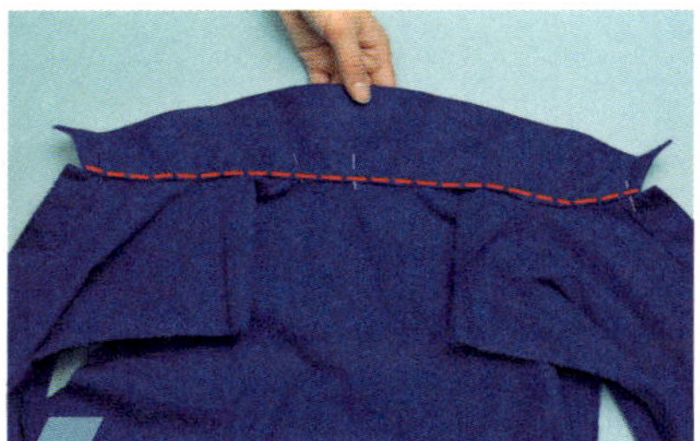

5 Repliez vers l'intérieur le couturage que vous aviez préalablement repassé à l'étape 3. Épinglez sur la veste afin de masquer la couture précédente et surpiquez (pointillés).

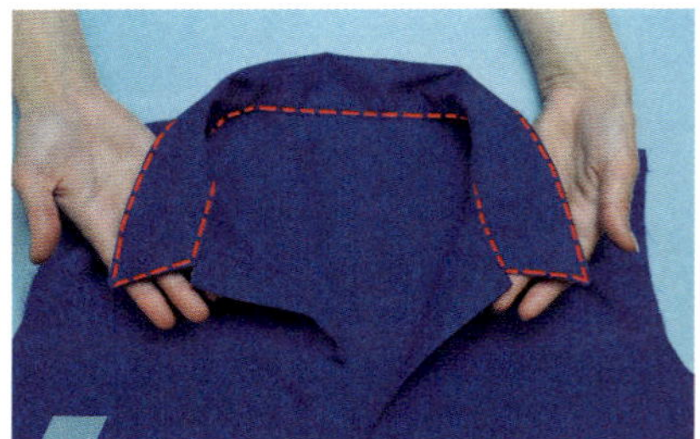

6 Faites une surpiqûre sur tout le tour du col, en la démarrant au milieu du col et pas dans un angle (le départ sera plus facile et plus propre).

Coudre UNE MANCHE

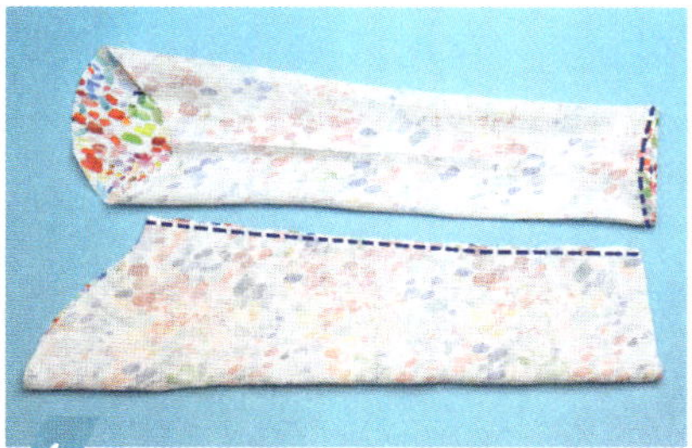

1 Assemblez les manches, en les pliant en deux endroit contre endroit, et épinglez. Puis piquez à 1 cm et surjetez (pointillés du bas). Vous pouvez coudre l'ourlet de bas de manche avant de monter les manches sur le corps (pointillés du haut).

2 Positionnez la manche gauche en face de l'entournure gauche, et la manche droite en face de l'entournure droite.

3 Enfilez la manche sur l'endroit dans le corps sur l'envers. La manche se retrouve à l'endroit contre l'endroit du corps.

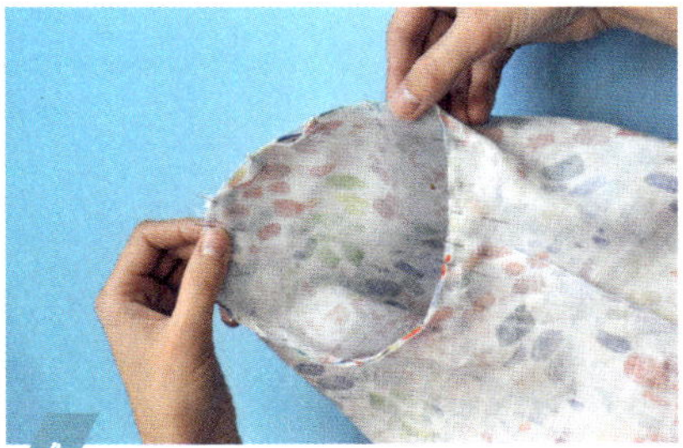

4 Épinglez en vous aidant des crans : faites coïncider la tête de manche (vous avez un cran sur le patron de la manche) sur la couture épaule du corps, toujours endroit contre endroit. Faites coïncider la couture de la manche sur la couture côté du corps. Enfin, placez les deux crans du devant de la manche contre les deux crans du devant du corps, ainsi que le cran du dos de la manche sur celui du corps dos.

Coudre UNE POCHE PASSEPOILÉE SIMPLE

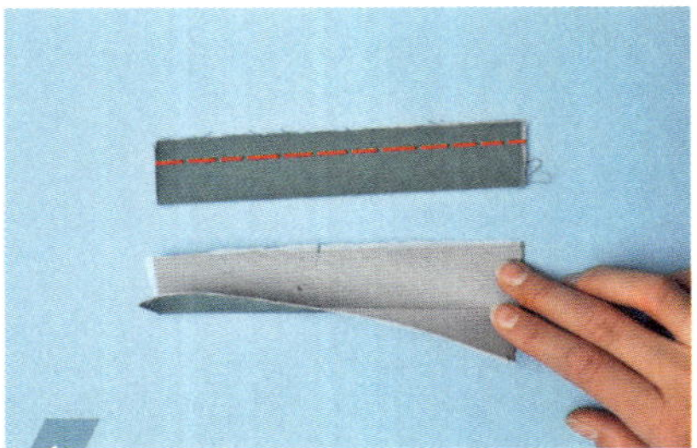

1 Thermocollez les passepoils, puis pliez-les en deux vers l'envers dans le sens de la longueur. Sur l'endroit, tracez au stylo magique une ligne à 2 cm du pli (pointillés).

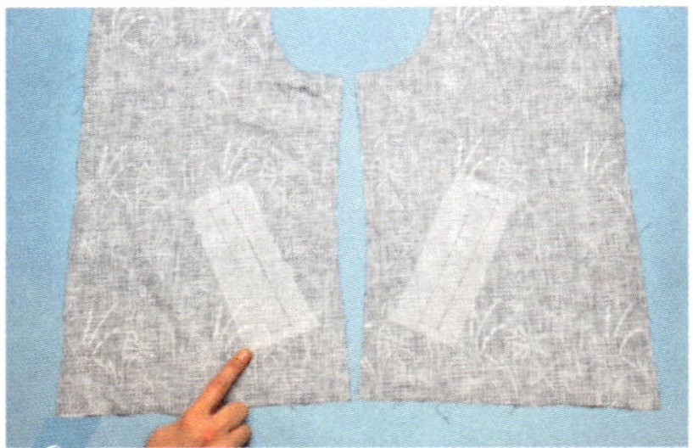

2 Sur l'endroit du tissu, tracez au stylo magique le repère de la poche passepoilée en vous aidant du patronnage. Sur l'envers du tissu, thermocollez un rectangle de 17 cm × 6 cm, centré sur ces repères.

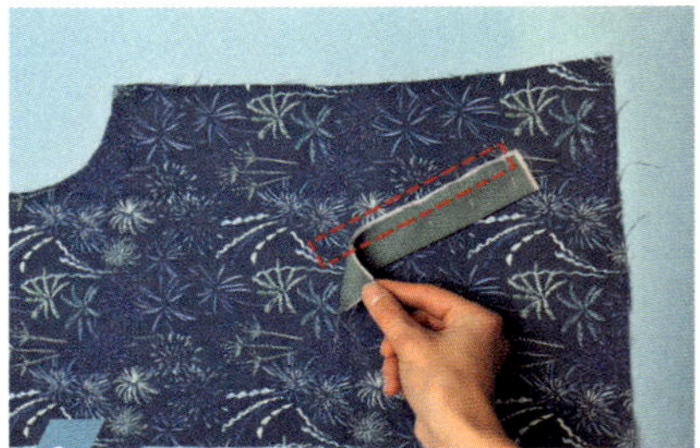

3 Sur l'endroit du vêtement, positionnez le passepoil sur la ligne du dessous (la plus proche du milieu devant), en la faisant coïncider avec la ligne tracée sur le passepoil à l'étape 1. Le pli du passepoil est dirigé vers le milieu devant.

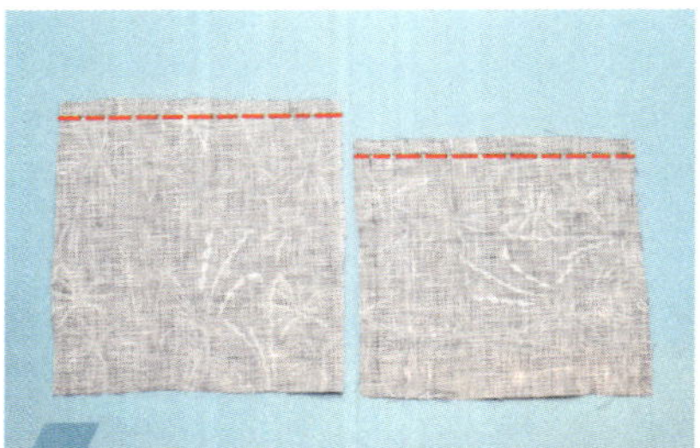

4 Il y a deux fonds de poche, un petit et un grand. Tracez au stylo magique une ligne à 1 cm du haut de chacun (pointillés).

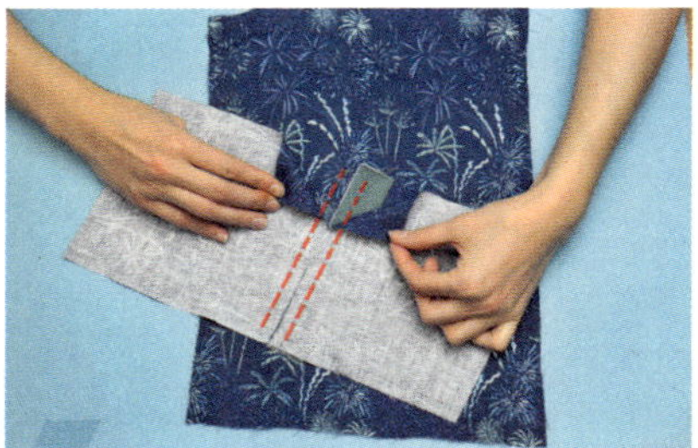

5 Positionnez les fonds de poche endroit contre endroit sur le devant du vêtement. Le petit fond est vers le milieu devant, tandis que le grand fond est vers le côté. Les lignes tracées à l'étape 4 coïncident avec les lignes de repère sur le devant. Épinglez en suivant les pointillés : le passepoil est donc pris en sandwich entre le devant et le petit fond de poche.

6 Piquez en suivant les pointillés, en vous arrêtant à 1 cm des bords. Armez-vous de précision aux extrémités ! Plus la couture sera précise, plus la poche sera réussie.

7 Découpez une fente dans le devant, au centre du passepoil, en vous arrêtant à 1 cm des extrémités, pour créer un triangle. Découpez en triangle en vous approchant le plus près possible des coutures du passepoil, sans dépasser. À nouveau, la précision est de mise. La photo vous montre la fente découpée en triangle sur l'envers.

8 Retournez le passepoil et les fonds de poche vers l'envers, en pliant les triangles des extrémités sur l'envers.

9 Repassez soigneusement les passepoils et les triangles vers l'envers.

10 Piquez en suivant les pointillés, en prenant dans la couture le triangle et les fonds de poche : ne prenez pas le devant du corps dans cette piqûre... Votre poche est finie !

Coudre UNE POCHE PASSEPOILÉE

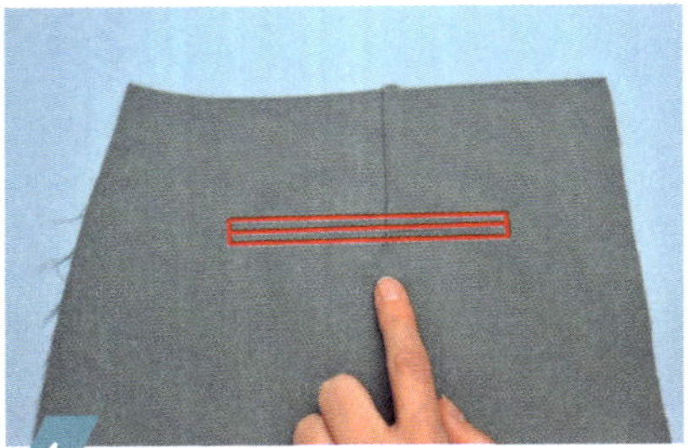

1 Sur l'endroit du tissu, tracez au stylo magique le repère de la poche passepoilée en vous aidant du patronnage.

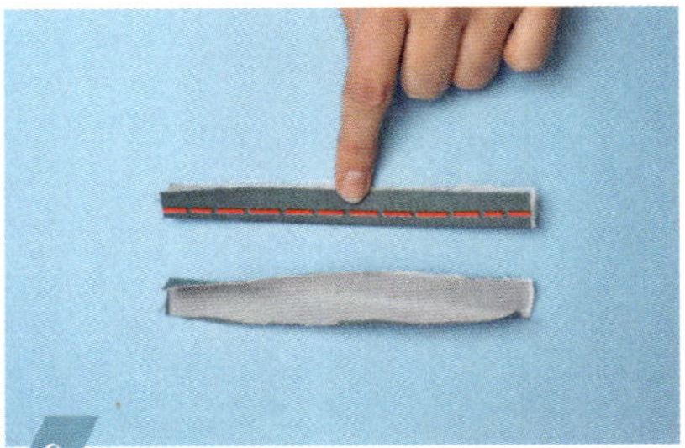

2 Thermocollez les passepoils, puis pliez-les dans le sens de la longueur, envers contre envers. Tracez au stylo magique une ligne à 5 mm du pli (pointillés rouges).

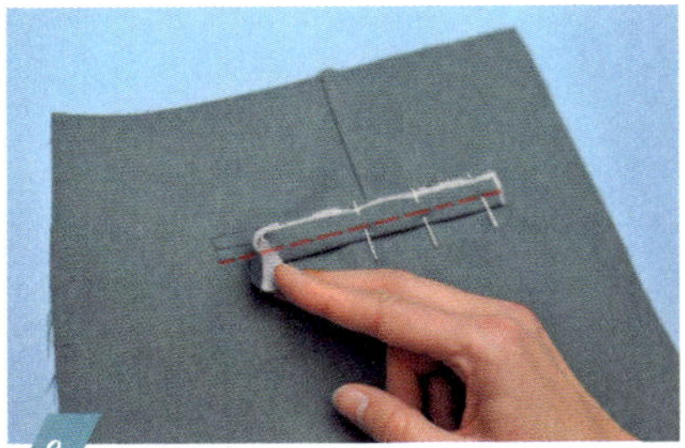

3 Positionnez un premier passepoil sur le bas de la poche, en la faisant coïncider la ligne du dessous de poche avec la ligne tracée sur le passepoil à l'étape 2. Le pli du passepoil est dirigé vers l'extérieur de la poche.

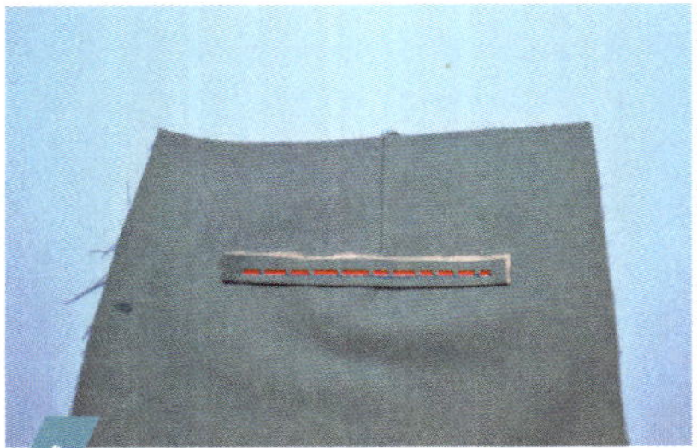

4 Piquez sur le tracé, en vous arrêtant pile à 1 cm des bords du passepoil, avec des points arrière solides et précis. Plus cette étape est précise, plus la poche sera réussie.

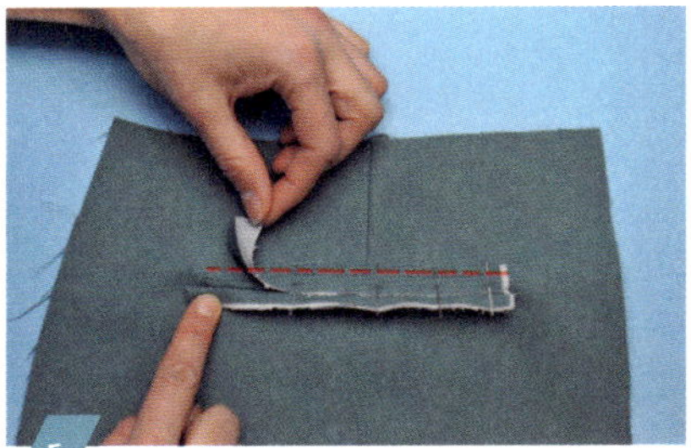

5 Renouvelez l'opération avec le deuxième passepoil : positionnez-le sur la ligne du dessus, en la faisant coïncider avec la ligne tracée sur le passepoil à l'étape 2. Le pli du passepoil est toujours dirigé vers l'extérieur de la poche, donc en miroir avec le premier passepoil. Les couturages des deux passepoils se gênent un peu : c'est normal, respectez bien les lignes !

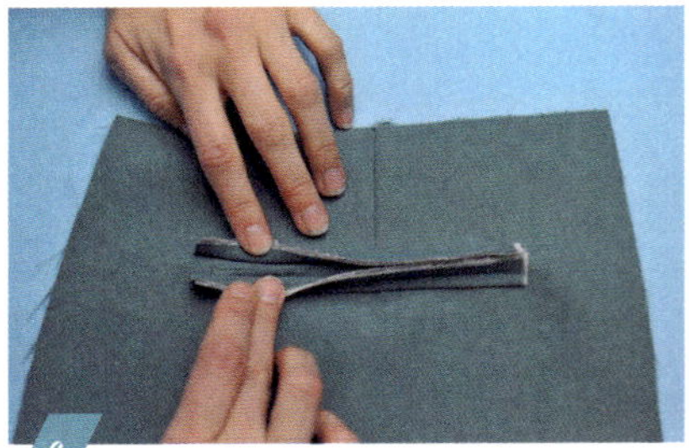

6 Piquez sur le tracé, en vous arrêtant pile à 1 cm des bords, avec des points retour solides et précis. À nouveau, faites preuve de précision. Les deux passepoils sont maintenant cousus face à face.

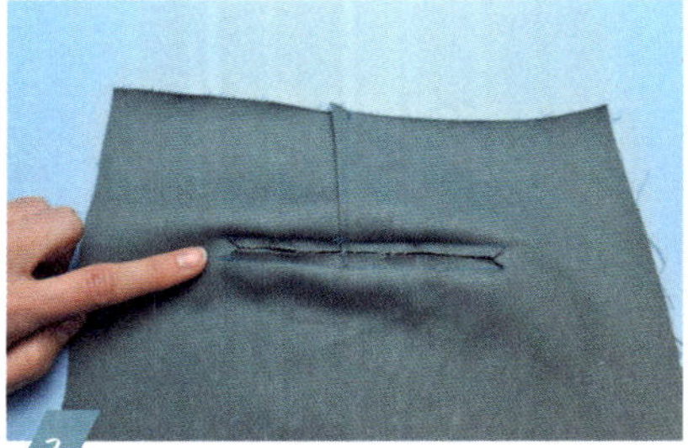

7 Découpez la fente en vous arrêtant à 1 cm des extrémités. Découpez en triangle de chaque côté en vous approchant le plus près possible des coutures des passepoils, sans dépasser. La photo vous montre la fente découpée en triangle sur l'envers.

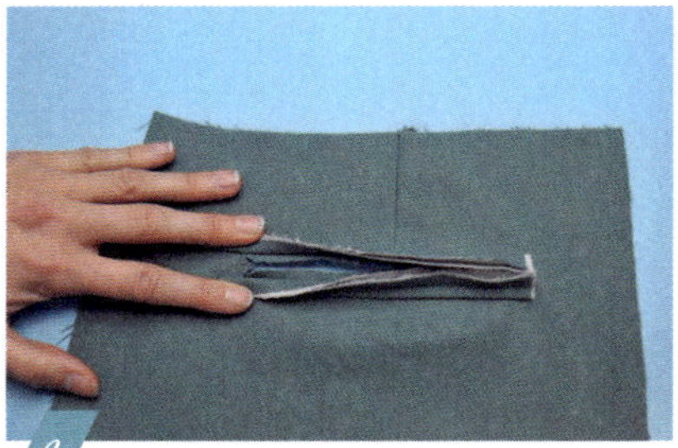

8 Cette photo vous montre la fente découpée en triangle sur l'endroit.

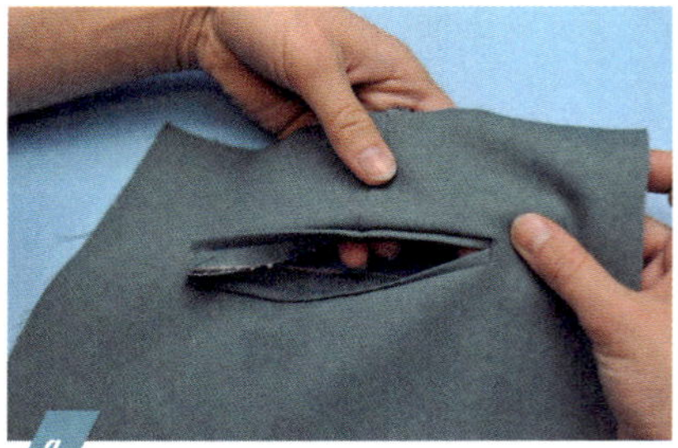

9 Retournez les passepoils sur l'envers en les faisant passer dans la fente et en pliant les triangles des extrémités vers l'envers.

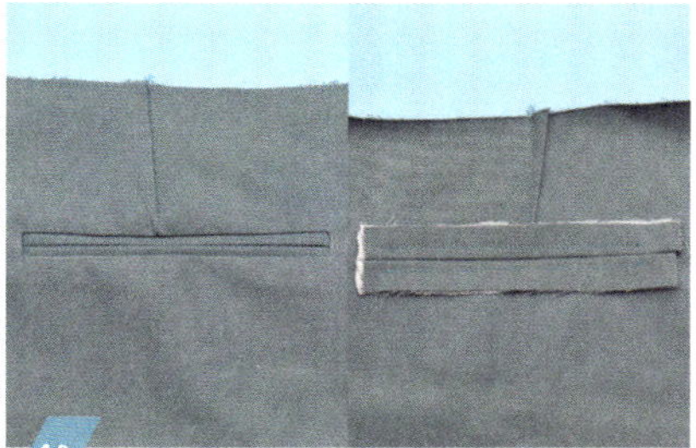

10 Repassez soigneusement les passepoils et les triangles en place. La photo de gauche vous montre le résultat sur l'endroit, tandis que celle de droite vous montre le résultat sur l'envers.

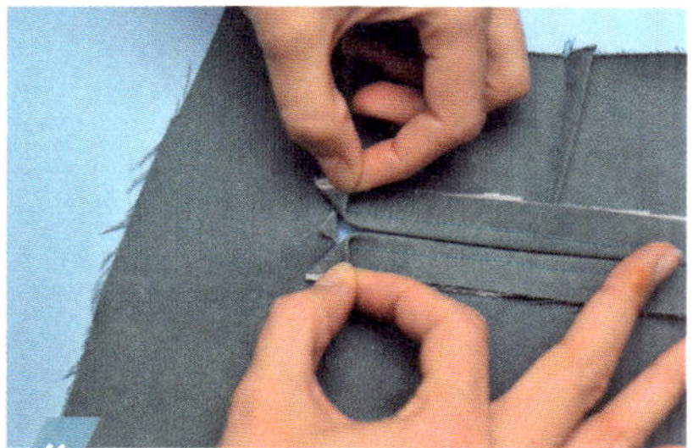

11 Le triangle est bien replié vers l'envers, comme ceci.

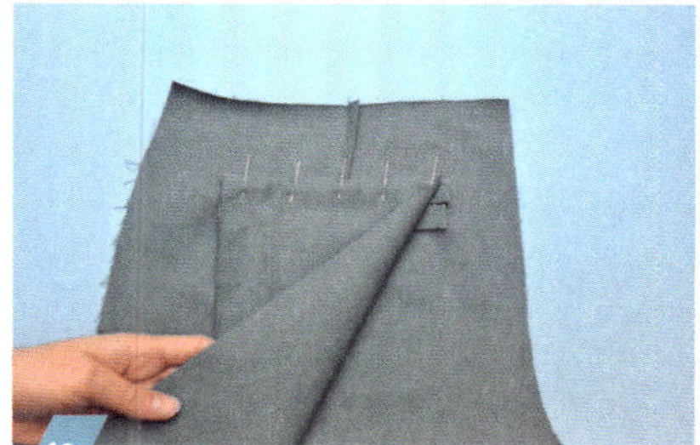

12 Épinglez un côté du fond de poche endroit sur le passepoil du haut, bord à bord, sans prendre le pantalon dans l'épinglage.

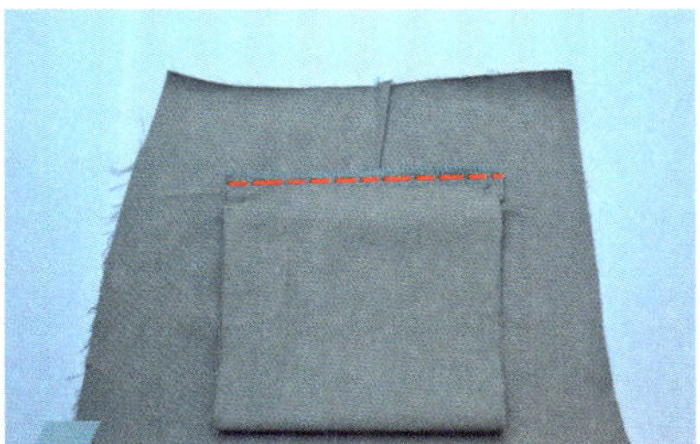

13 Piquez à 1 cm puis surjetez.

14 Renouvelez l'opération avec l'autre côté du fond de poche, toujours en prenant uniquement le couturage du passepoil dans l'épinglage, et pas le pantalon.

15 Piquez à 1 cm puis surjetez.

16 Épinglez ensuite les côtés latéraux du fond de poche en prenant dans l'épinglage, le triangle et les passepoils.

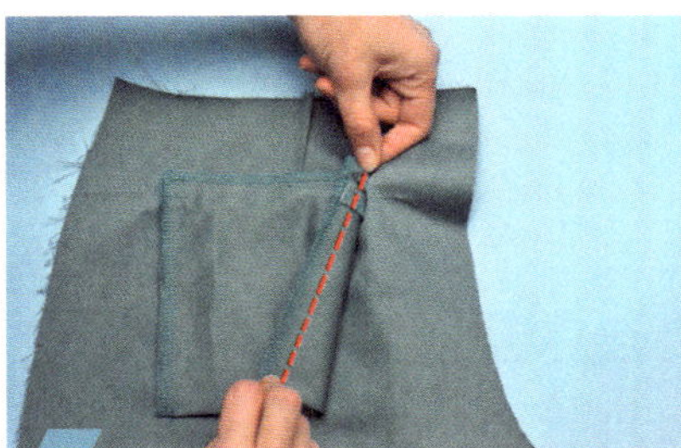

17 Piquez et surjetez ensemble en prenant le fond de poche (plié en deux), le triangle et les passepoils comme les pointillés sur la photo.

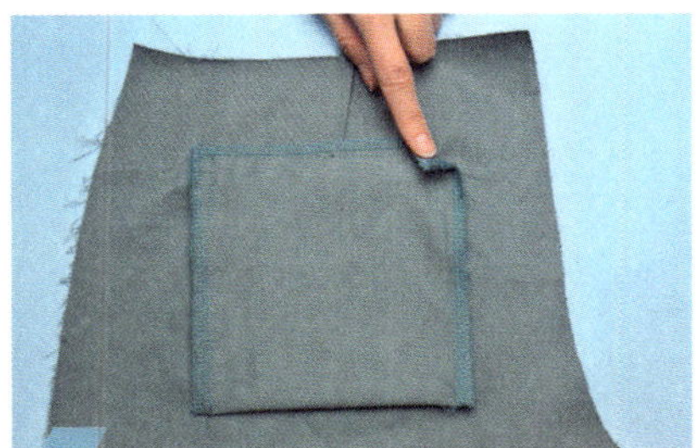

18 Votre poche est finie !

Coudre UNE BRAGUETTE DE PANTALON

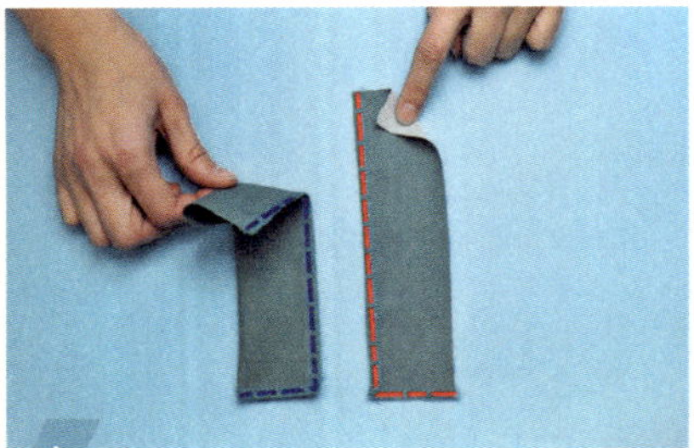

1 Une braguette est constituée de deux pattes : la sous-patte, placée sur la jambe droite (à gauche sur la photo) et la parementure, placée sur la jambe gauche. Thermocollez la parementure, puis surjetez deux de ces côtés (pointillés rouges). Pliez-en deux la sous-patte envers contre envers et surjetez les bords en face du pli ensemble et un petit côté (pointillés bleus).

2 Surjetez les fourches des deux jambes devant (pointillés bleus), puis épinglez la parementure endroit contre endroit sur la jambe gauche. Piquez à 1 cm du bord (pointillés rouges).

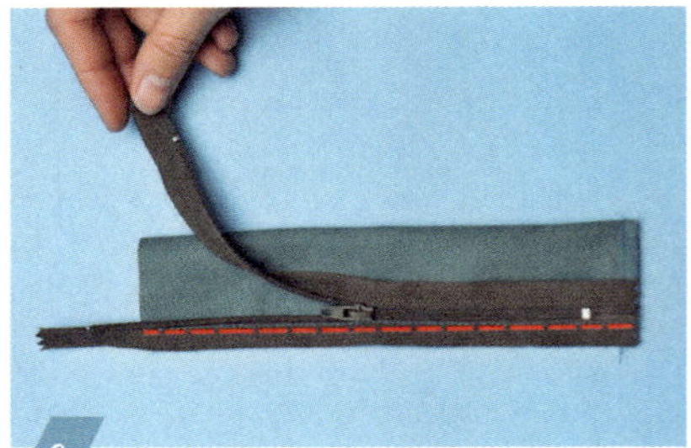

3 Épinglez le zip sur le bord surjeté de la sous-patte en alignant le bas du zip sur la patte (le haut du zip dépasse plus ou moins en fonction de sa longueur). Piquez à 4 mm des dents du zip (pointillés).

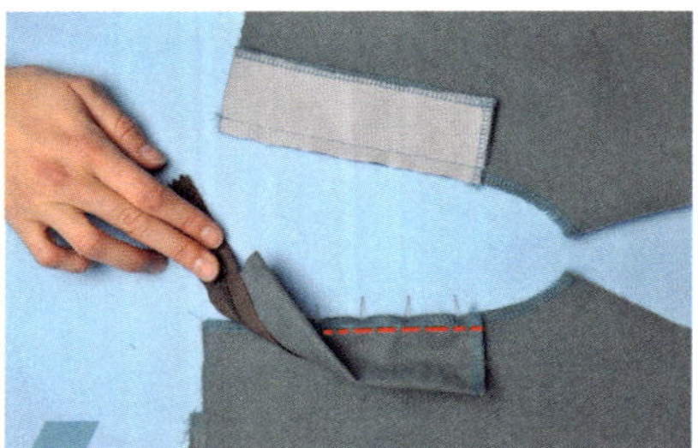

4 Épinglez la sous-patte sur la jambe droite, zip contre endroit de la jambe. Piquez à 1 cm du bord (pointillé).

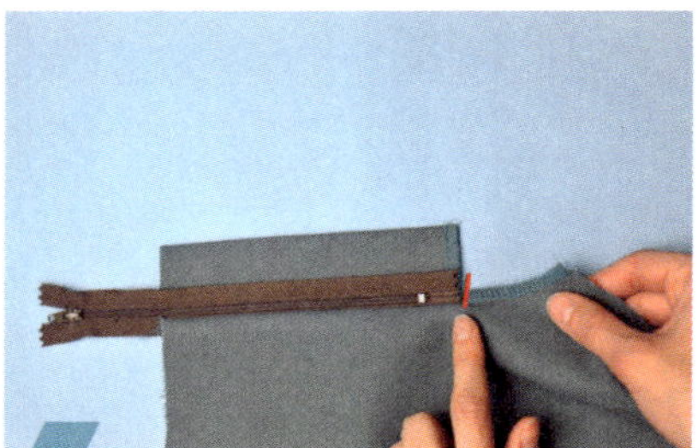

5 Retournez la sous-patte comme sur la photo et repassez pour ouvrir la couture (en chaleur douce, le zip est en plastique). Crantez la fourche de la jambe sur 8 mm en dessous de la sous-patte (repère rouge).

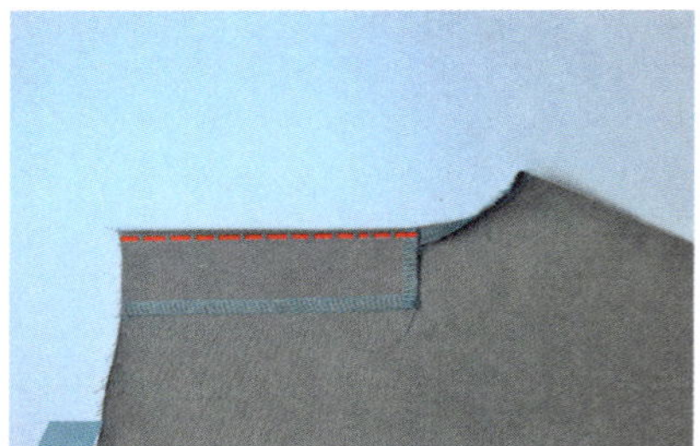

6 Retournez la parementure sur l'envers de la jambe et repassez pour obtenir une couture nette. Surpiquez à 2 mm du bord (pointillé).

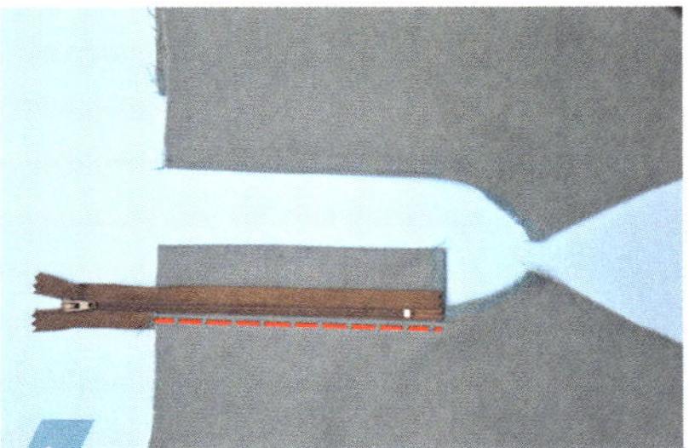

7 Surpiquez également la sous-patte et le zip (pointillé).

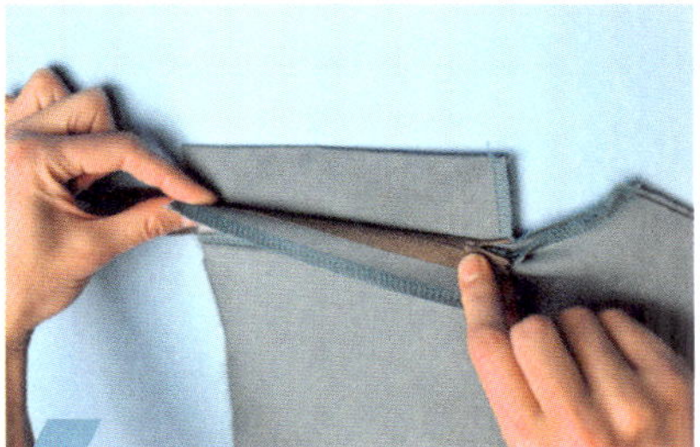

8 Positionnez l'une sur l'autre les deux jambes, endroit contre endroit, en plaçant le zip à 2 cm du bord surjeté de la parementure, et épinglez le zip ainsi placé à la parementure (voir l'étape suivante).

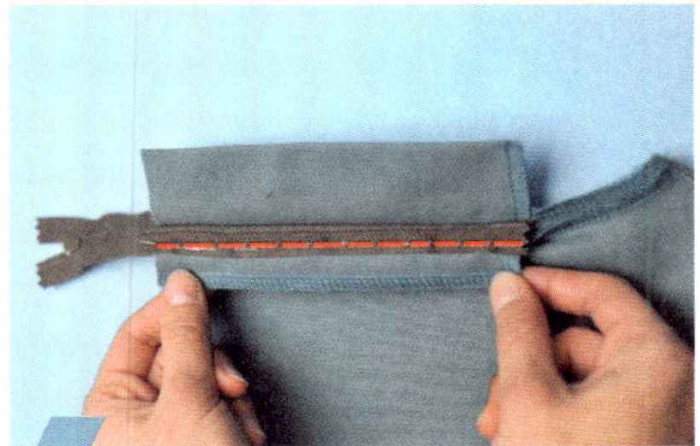

9 Quand vous épinglez le zip à la parementure, vous obtenez ceci. Piquez à 4 mm des mailles du zip (pointillés).

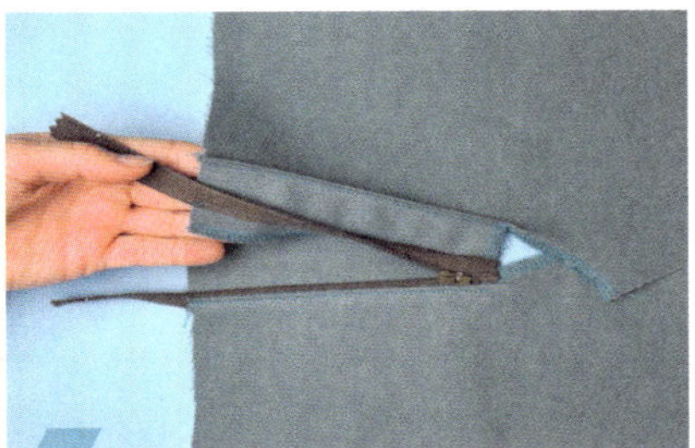

10 Une fois piqué, vous obtenez ceci.

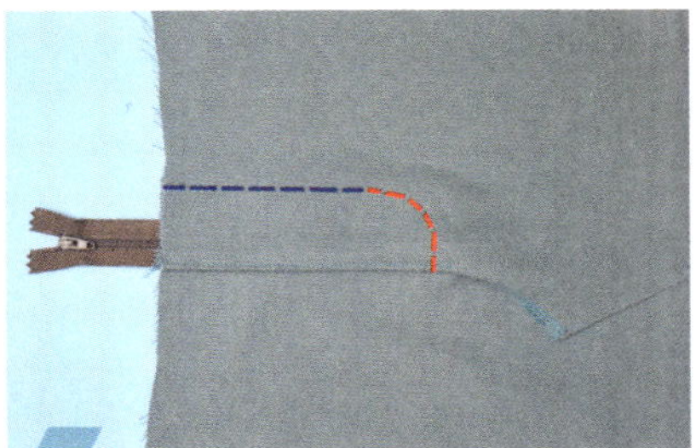

11 Fermez le zip, puis tracez au stylo magique ou à la craie la surpiqûre de la braguette, en vous aidant du repère du patronnage. Surpiquez la braguette en deux étapes : commencez par les pointillés bleus, en cousant seulement la jambe gauche et la parementure : ne piquez pas la sous-patte ! Arrêtez la couture...

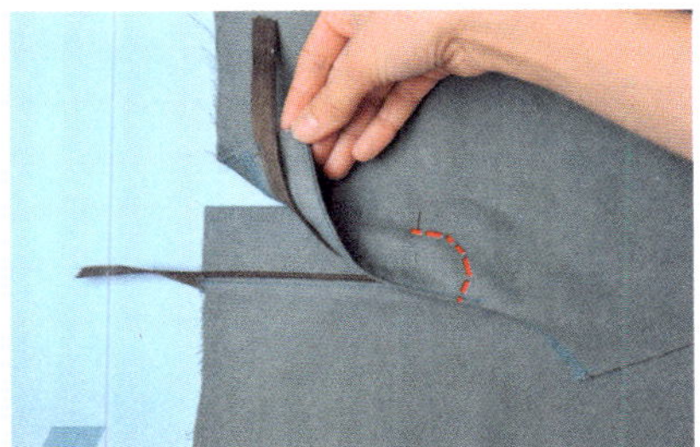

12 ...et surpiquez ensuite la deuxième partie (les pointillés rouges, sur la photo précédente et sur cette photo) en cousant toutes les épaisseurs ensemble (la jambe gauche, la parementure, le zip, la sous-patte, un petit bout de la jambe droite). Votre braguette est finie ! Bravo !

Monter UNE CEINTURE SUR UN PANTALON

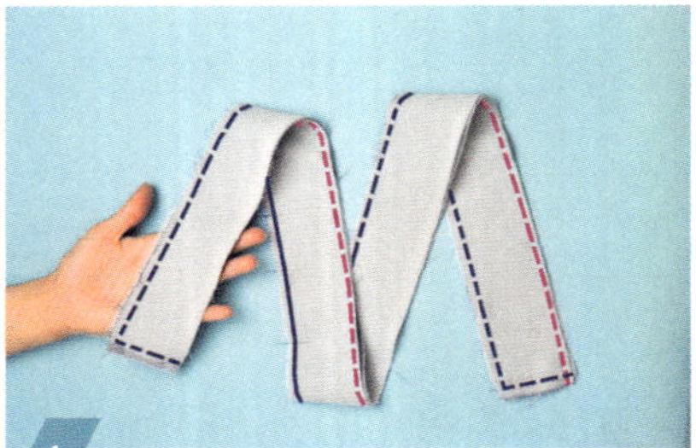

1 Thermocollez les deux parties de la ceinture. Surjetez le bas d'une moitié de la ceinture (pointillés roses). Épinglez les deux parties ensemble, endroit contre endroit. Piquez à 1 cm du bord (pointillés bleus).

2 Dégarnissez les angles.

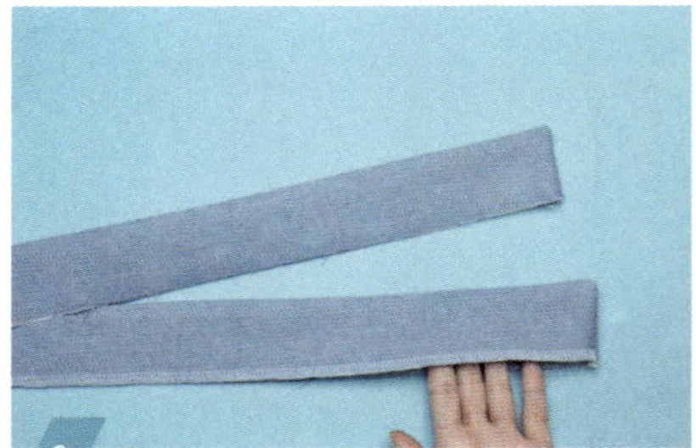

3 Retournez la ceinture sur l'endroit en sortant bien proprement les angles.

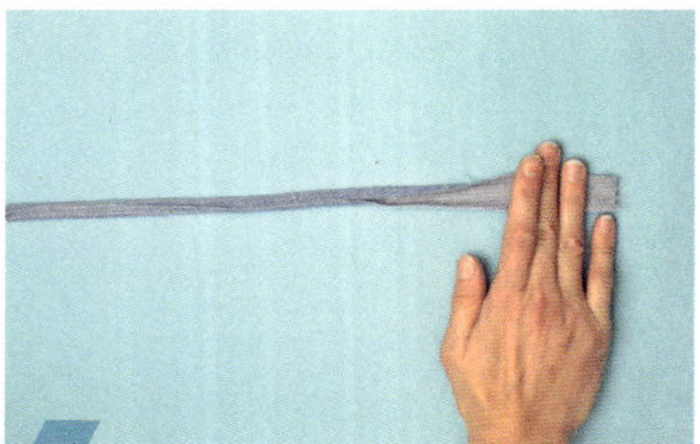

4 Surjetez un long côté de la bande des passants, puis pliez-la au fer vers l'envers, en trois dans le sens de la longueur.

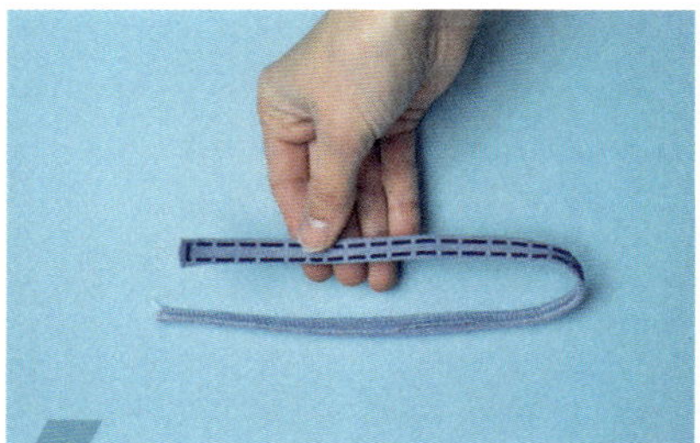

5 Surpiquez la bande pliée en 3 pour la maintenir fermée (pointillés).

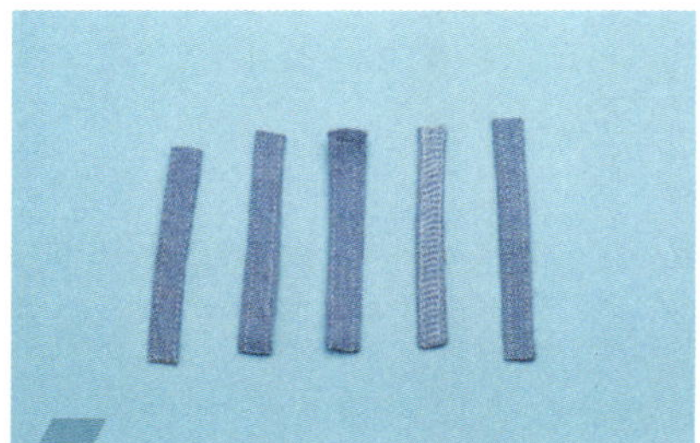

6 Coupez la bande en 5 passants.

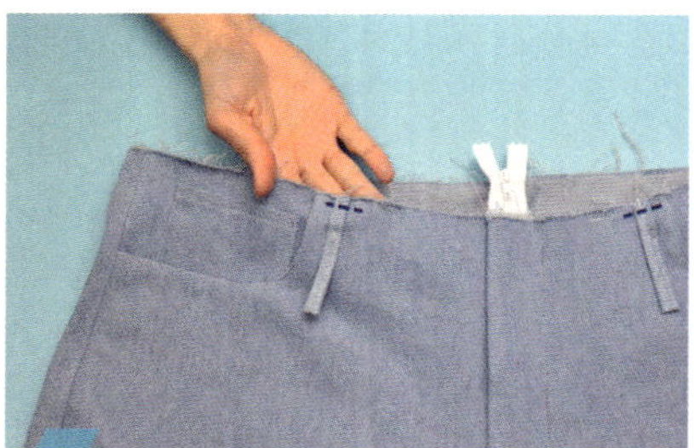

7 Cousez endroit contre endroit les passants sur le haut du pantalon selon les emplacements du patronnage, avec une piqûre à 5 mm du bord (pointillés).

8 Épinglez la moitié non-surjetée de la ceinture contre l'endroit du pantalon, en plaçant les côtés de la ceinture contre les bords de la braguette. Piquez à 1 cm du bord (pointillés).

9 Piquez bien jusqu'aux bords de la braguette (pointillés).

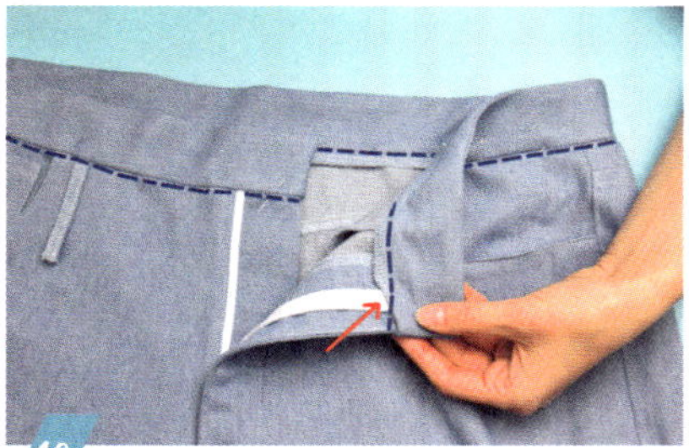

10 Épinglez ensuite la moitié surjetée de la ceinture à l'intérieur du pantalon. Vous remarquerez qu'aux bords de la braguette, je plie le surjet vers l'intérieur (flèche rouge). Puis surpiquez juste en dessous de la ceinture sur l'endroit du pantalon, pour maintenir la ceinture fermée (pointillés). Je surpique sur l'endroit pour faire une jolie surpiqûre discrète.

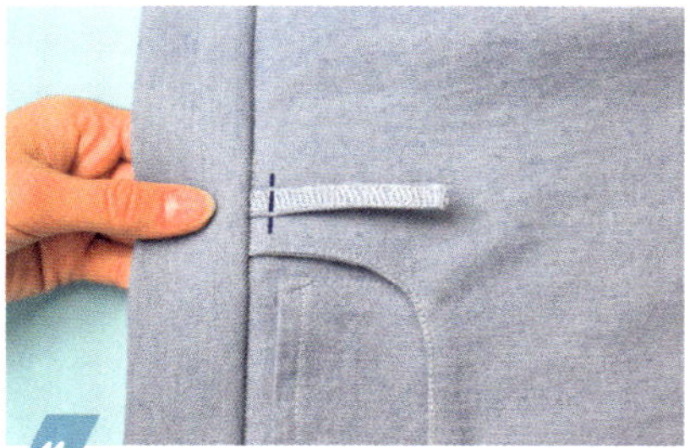

11 Surpiquez les passants à 1 cm de la ceinture (pointillés).

12 Surpiquez tout le tour de la ceinture (pointillés).

13 Quand vous surpiquez le haut de la ceinture, profitez-en pour surpiquer le haut des passants, repliés de 5 mm vers l'intérieur.

CONCLUSION

J'espère que cette histoire (non exhaustive) du vêtement utilitaire vous a plu et vous donne très envie de coudre une garde-robe durable.

J'en profite pour vous glisser un dernier conseil : en couture, sobriété heureuse rime avec vêtements portés et tissus utilisés ! Je vous conseille de vous intéresser au concept de garde-robe minimaliste pour constituer votre vestiaire durable.

La garde-robe minimale est un concept intéressant qui remplace la quantité par la qualité : savez-vous que nous portons en moyenne seulement 30 % des vêtements que nous possédons, alors que nous achetons près de trente kilos de vêtements et de tissus par an ? Plutôt que de collectionner des habits (cousus par vos soins ou achetés) que vous ne mettez pas et qui dorment dans votre placard, il s'agit de s'interroger et de trier votre vestiaire, pour privilégier les pièces qui se combinent facilement entre elles, en les adaptant à la saisonnalité (plus de pulls en hiver, plus de robes en été, par exemple).

La première étape consiste à trier. Retirez d'abord de votre vestiaire ce que vous n'avez pas porté depuis un an (donnez, apportez à un point de collecte, etc.). Identifiez toutes les combinaisons possibles et les vêtements qui vous manquent pour optimiser cette garde-robe minimale. Une fois votre vestiaire mis au point, l'idée est de ne rien acheter ni coudre, jusqu'au prochain bilan.

Cette vision minimaliste de la mode va à l'encontre de notre consommation de ces dernières années. Consommer moins mais mieux, apprécier davantage ses vêtements, les coudre résistants et les réparer longtemps, et s'amuser à créer le plus de looks possibles avec seulement quelques pièces, voici la démarche moderne et responsable de la slow fashion, parfaitement en accord avec l'idée des vêtements utilitaires, durables dans le temps.

Bonne couture et haut les cœurs !

Lou

CARNET D'ADRESSES

MATIÈRES PREMIÈRES

- Lin ou l'autre : www.linoulautre.com
Pour acheter du lin européen au mètre dans des coloris splendides.

- Bleu tango : www.bleutango.fr
Pour acheter les tissus imprimés de ce livre.

- Fil Etik : www.fil-etik.com
Pour acheter des tissus et du fil écologiques.

- Crépin-petit : www.mafabriquedeboutons.com
Pour acheter des boutons *made in* France innovants et écolos.

TISSUS UPCYCLÉS

- Les Étoffes du Sentier : 12, rue des Jeûneurs à Paris
Pour trouver des merveilles de tissus provenant de fins de stocks des grandes maisons de couture, à prix défiant toute concurrence.

- Sacrés Coupons : www.sacres-coupons.com, 4, bis rue d'Orsel à Paris
Pour acheter des lainages, soieries et tissus imprimés ou unis, issus de fins de stocks des maisons de couture, mais aussi un grand choix de doublure !

Direction : Guillaume Pô
Direction éditoriale : Tatiana Delesalle
Édition : Estelle Hamm
Direction artistique : Chloé Eve
Mise en pages : Studio Blick
Illustrations : Lou Ripoll
Photographies : Cécile Nguyen-Ngoc
Modèles : Marie-Bénédicte Danière, Adrien Desmedt,
Patrice Jean-Noël et Elisabeth Mendoza
Direction de fabrication : Thierry Dubus
Suivi de fabrication : Julia Mirenda

1re édition – N° d'édition : M22216
ISBN : 9782317028250
Code MDS : MN28250
Achevé d'imprimer en août 2022
par Neografia en Slovaquie

www.mangoeditions.com
Dépôt légal : septembre 2022

MIXTE
Papier | Pour une gestion forestière responsable
FSC® C020353

Produit composé de matériaux certifiés FSC® et de matériaux contrôlés.
Cet ouvrage est imprimé grâce à des encres à base d'huile végétale, garantissant
la démarche de développement durable de l'éditeur et de l'imprimeur.